BRASIL
Terra de todos os santos

Marilu Torres

BRASIL
Terra de todos os santos

Roteiros dos principais destinos para romeiros, peregrinos e festeiros

PANDA BOOKS

Este livro segue as normas do novo ACORDO ORTOGRÁFICO

Diretor editorial
Marcelo Duarte

Diretora comercial
Patty Pachas

Diretora de projetos especiais
Tatiana Fulas

Coordenadora editorial
Vanessa Sayuri Sawada

Assistentes editoriais
Juliana Silva
Mayara dos Santos Freitas

Assistentes de arte
Carolina Ferreira
Mario Kanegae

Projeto gráfico, capa e diagramação
Carolina Ferreira

Fotos
Getty Images
Marilu Torres
Thiago Travesso

Produção e edição do DVD
Alexandre Moreira
Guilherme Lefèvre
Nilton Travesso
Sérgio Kuwahara
Zhé Ricardo Souza

Mapas
Daniel Almeida

Preparação
Beatriz de Freitas Moreira

Revisão
Fernanda A. Umile
Andréa Vidal

Impressão
RR Donnelley

CIP – BRASIL. CATALOGAÇÃO NA FONTE
SINDICATO NACIONAL DOS EDITORES DE LIVROS, RJ

Torres, Marilu
Brasil – Terra de todos os santos / Marilu Torres – 1. ed. – São Paulo: Panda Books, 2014. 248 pp.

ISBN 978-85-7888-374-4

1. Peregrinos e peregrinações – Brasil. 2. Religiosidade. 3. Fé. 4. Esperança. 5. Religião. I. Título.

14-13702 CDD: 248
CDU: 2-584

2014

Um selo da Editora Original Ltda.
Rua Henrique Schaumann, 286, cj. 41
05413-010 – São Paulo – SP
Tel./Fax: (11) 3088-8444
edoriginal@pandabooks.com.br
www.pandabooks.com.br
twitter.com/pandabooks
Visite também nossa página no Facebook.

Certa vez perguntaram ao escritor francês Maurício Barrès:
– Para que servem os santos?
Respondeu:
– Eles deleitam a alma.

Com suas lutas e conquistas, os santos demonstraram que o ser humano, pode sim, se transformar na criatura concebida por Deus, mensageira do amor, da consolação, da esperança.

A eles, minha eterna admiração

Sumário

Apresentação

Sempre acreditei que de tempos em tempos novos caminhos se abrem à nossa frente, novas oportunidades surgem para reciclar nossos conhecimentos, renovar nosso cotidiano, revigorar nossas emoções, testar nossa coragem. Percebê-los depende da prontidão de nossa alma. Aceitá-los, de nosso livre-arbítrio. Quando em 2004 arrisquei-me a percorrer uma das rotas de peregrinação mais famosas do planeta – o Caminho de Santiago de Compostela –, senti que um ciclo de minha vida estava terminado e outro se configurava. Eu embarcava, literalmente, em uma nova aventura.

Com alguma experiência como repórter e alma de peregrina, decidi registrar em um livro-reportagem anotações e histórias do Caminho que servissem de inspiração ou simplesmente como guia aos peregrinos que desejam trilhar aqueles caminhos através de terras de Portugal. Eu continuaria atuando na mesma área, mas naquele momento pautando as minhas prioridades. O livro foi publicado em julho de 2006 com o título *Caminhos da fé – Santiago de Compostela via Portugal*. Gostei tanto da experiência que decidi dar continuidade a outros caminhos de fé, dessa vez no Brasil, ressuscitando um antigo projeto esquecido há anos nas gavetas da minha memória. Assim nasceu *Brasil – Terra de todos os santos.*

No início eu pretendia realizar apenas um registro sobre as principais festas religiosas de nosso país que, ainda hoje, mobilizam devotos de todas as classes sociais e faixas etárias, em busca de experiências com o sagrado e com os mistérios da vida, que apenas as "coisas do céu" parecem preencher. Enquanto me deixava envolver pelas pesquisas, fui percebendo que eu também andava em busca de um elo perdido, um fio mágico que me conduzisse à infância, quando temerosa e encantada assistia às procissões do

Senhor Morto ou às festas dos santos e suas histórias de milagres. Particularmente, nunca precisei de razões lógicas para acreditar em Deus. Acredito, simplesmente. A beleza incomparável da Criação, a meticulosa precisão do Universo, a fabulosa diversidade dos seres vivos e o milagre da Vida são evidências que me bastam.

Ao me aventurar pelo tema, fiquei impressionada com uma pesquisa realizada pelo biólogo molecular americano Dean Hamer, chefe do setor de estrutura genética do National Cancer Institute, e publicada em seu livro *The God gene: How faith is hardwired into our genes* (O gene de Deus: Como a fé está gravada em nossos genes). Hamer afirma ter localizado no ser humano o gene responsável pela espiritualidade, produtor dos neurotransmissores que regulam o temperamento e o ânimo das pessoas. Segundo o biólogo, os sentimentos profundos de espiritualidade seriam o resultado de uma descarga de elementos químicos cerebrais controlados pelo nosso DNA.

*Crer em Deus é uma escolha
entre viver na aridez da descrença ou na esperança da fé.*

... Ouço a tua voz triste, triste,
A tua voz religiosa, magoada e triste...
E, na tua voz magoada e triste,
Eu cuido ouvir a voz que nunca ouvi,
A voz entre todas desejada,
A voz das promessas maravilhosas
Que nunca me fizeram,
Das promessas felizes que nunca ainda tive...

Esse trecho do poema "Tua voz" foi escrito pelo poeta Fontes Torres, meu pai, ao ouvir minha mãe cantar pela primeira vez, em 1930.

Nasci em uma família de "igrejeiras", mulheres de muita fé. Minha mãe, a caçula dos 18 filhos de meus avós, dona Tereza e seu Chico, cantava no coro da Igreja Matriz de Araçatuba, interior de São Paulo, cidade onde nasci. Ela tinha uma bela voz de *soprano leggero* e contava com orgulho que nas missas aos domingos, quando entoava o "Glória", monsenhor Adauto Rocha ficava embevecido e esquecia a celebração.

As oito irmãs da minha mãe eram religiosas. Tia Terezinha, a mais velha, morava em São Paulo e era devota de Frei Galvão décadas antes de ele se tornar o primeiro santo brasileiro. Todas as quartas-feiras ela saía de casa empertigada e solene com seu vestido preto, "afogado" ao pescoço, os cabelos brancos enrolados em um coque, brincos de prata e marcassitas, que dançavam a cada movimento seu. Eu era fascinada por aqueles brincos! Na avenida Paulista, ela tomava o bonde para o Mosteiro da Luz, onde as freirinhas enclausuradas preparavam e distribuíam as pílulas milagrosas do Frei Galvão, indicadas para a cura de todos os males – de problemas na gravidez à neurastenia de velhos maridos. Com certeza, ela incluía nessa categoria seu marido Saturnino, o Teté, nosso tio quase centenário conhecido na família por suas exigências e picuinhas. Impressionada, eu escutava as histórias que ela contava sobre o Frei Galvão, o frade que construiu o Mosteiro da Luz e morreu em uma cama improvisada atrás do altar-mor, local onde está enterrado até hoje.

Tia Alice também morava em São Paulo e dela guardei a gargalhada contagiante e a total falta de pudores religiosos – ela transitava tranquilamente entre a bênção do pão dos pobres na Igreja de Santo Antônio às consultas aos astros através das cartas de dona Concheta, sua misteriosa vizinha. Frequentava também sessões espíritas e falava muito de dona Filhinha, célebre vidente à época. Eu me lembro de percorrer assombrada os longos corredores e os muitos quartos do casarão da alameda Santos, onde tia Alice morava. Sobre a cômoda em frente à cama ela mantinha uma lamparina acesa dia e noite, aos pés de uma imagem de Nossa Senhora das Dores, cujas lágrimas sofridas eu tocava para verificar se eram verdadeiras...

Considerado o maior país católico do mundo, com 68% de população cristã, o Brasil herdou dos tempos coloniais as manifestações culturais e religiosas dos primeiros europeus que aqui chegaram. O catolicismo de raízes medievais trazido por Portugal, logo no início da colonização, defrontou-se com o misticismo e a magia dos povos indígenas que habitavam o Novo Mundo, e, mais tarde, com os deuses das diversas etnias africanas que vieram para este território como escravos. Esse encontro de religiões resultou em um mosaico cultural raramente encontrado em outro lugar do mundo.

Apesar das novidades religiosas registradas em nosso país ao longo desses mais de quinhentos anos – os desdobramentos de algumas religiões, a diversidade de igrejas, as incursões às religiões orientais –, penso que cada ser humano, salvo algumas exceções, continua ansioso de Infinito, sempre à espera de uma Luz inconfundível que algum dia iluminará o seu caminho.

Durante mais de quatro anos procurei nos meandros da história, nem sempre coerente, e na alma humana, quase sempre carente, o sentido mágico que caracteriza a religiosidade das pessoas. E, acima de tudo, busquei o segredo dessa força que alimenta, em seus corações, a chama da Fé.

Marilu Torres

Melhor que persuadir as pessoas a ter fé
é mostrar a elas a radiância de nossa própria descoberta.

Joseph Campbell (1904-1987), historiador e escritor

MARTIRIO
AQUI VENERAMOS OS MARTIRES DAS MISSÕES
LUGAR ONDE O CORAÇÃO DO P. ROQUE FALOU
SANGUE MARTIR PELA REDENÇÃO DO POVO.
P. ROQUE GONZALES
P. JOÃO DE CASTILHO

O paraíso é aqui!

O descobrimento da América e, logo depois, em 1500, o do Brasil, provocaram um verdadeiro choque na cultura europeia.

Imagine o deslumbramento dos primeiros portugueses ao encontrar uma terra coberta de vegetação exuberante, árvores imensas, flores coloridas e pássaros nunca vistos, habitada por nativos quase nus, que se enfeitavam com penas e pinturas exóticas? Era como ter chegado ao paraíso!

Calcula-se que perto de 8 milhões de índios povoavam estas terras havia pelo menos cinco milênios. Divididos em mais de 1.500 grupos tribais de etnias diferentes, eles falavam dezenas de línguas diversas, e suas vidas eram regidas por tradições sociais e religiosas herdadas de seus ancestrais.

Ao desembarcar, os portugueses construíram, com madeira encontrada na praia, uma grande cruz e com ela tomaram posse do território. A cruz de Cristo fincada na areia revelava sua intenção – o catolicismo deveria ser a religião de todos. Nessa época a Igreja Católica se sentia enfraquecida e tentava recuperar o prestígio perdido. A grande parceira da Coroa portuguesa nessa luta foi a Companhia de Jesus, que se propunha a expandir pelo mundo a Palavra de Cristo do ponto de vista católico. As missões evangelizadoras tinham como finalidade criar escolas e seminários e a Coroa confiou aos jesuítas (cujo nome significa "companheiros de Jesus") a catequização dos índios.

Para formar verdadeiros cristãos acreditava-se que era preciso combater certos elementos de algumas culturas indígenas: a antropofagia, a nudez, a poligamia e o espírito primitivo de suas crenças e rituais. Com o intuito de "proteger" os índios da perseguição de colonos e subsequente escravidão, os jesuítas ergueram aldeamentos ao redor das igrejas, núcleos da nova fé. Esses aldeamentos tornaram-se conhecidos como missões ou reduções e se multiplicaram de norte a sul do país. Cinquenta anos mais tarde haviam colégios ao longo de grande parte do litoral brasileiro – do Rio Grande do Sul ao Ceará.

A ação pedagógica exercida pelos jesuítas no Brasil durou 210 anos e vem sendo questionada até os dias de hoje. Há décadas antropólogos e historiadores com diferentes óticas questionam a intromissão colonialista dos estrangeiros no Brasil, em especial a ação dos jesuítas. Mesmo levando em conta suas falhas reveladas pela pesquisa moderna, não se pode negar que as missões jesuíticas exerceram um impacto profundo na vida das Américas.

José de Anchieta:
O apóstolo do Brasil

Nascido na ilha de Tenerife, no arquipélago das Canárias, Anchieta era neto de judeus cristãos. Aos 14 anos foi para Portugal onde estudou filosofia no Colégio das Artes, anexo à Universidade de Coimbra. Sua ascendência judaica foi determinante para que o enviassem a Portugal, já que na Espanha a Inquisição era rigorosa. Com 17 anos, logo após ter ingressado na Companhia de Jesus, Anchieta foi acometido por uma misteriosa doença, que a medicina do século XVI não conseguiu detectar – ele sofria de fortes dores na coluna, que com o tempo envergava, dando-lhe a estranha aparência de corcunda.

José de Anchieta foi enviado pela Companhia de Jesus ao Brasil com a esperança de que o clima melhorasse sua saúde. Aportou em Salvador e, três meses depois, instalou-se na Capitania de São Vicente. Exemplo de coragem e determinação, abriu caminhos em direção ao sertão, subiu a Serra do Mar e, com a ajuda de caciques da região, fundou o Colégio de Piratininga, origem da cidade de São Paulo. Ele vivia a verdadeira prática religiosa – comia e dormia muito pouco, vestia-se humildemente. Anchieta foi um dos primeiros sacerdotes a descobrir que era preciso aprender a língua tupi. Dramaturgo, ele criou e dirigiu peças teatrais com elenco indígena. Nessas, era comum encontrar a Nossa Senhora mestiça, o São Francisco indígena e o menino Jesus com características dos povos da região.

Aos 43 anos de idade foi nomeado provincial, o mais alto cargo na Companhia de Jesus. Anchieta continuou viajando e chegou a percorrer distâncias incríveis – da Capitania de Pernambuco até Itanhaém, litoral de São Paulo, passando por Bahia, Espírito Santo e Rio de Janeiro, sem esquecer as missões estabelecidas em São Paulo. Em suas viagens quase sempre dispensava as sandálias – ele andava quilômetros com os pés descalços na areia à beira-mar.

Aos poucos, a doença, que lhe havia dado trégua durante tantos anos, se agravou. Cansado e doente, foi substituído no cargo de provincial e se retirou para a aldeia de Reritiba, no litoral do Espírito Santo. Ali viveu os últimos dez anos de sua vida.

Curas e milagres

Dos tempos da fundação de São Paulo, vários são os relatos de curas milagrosas obtidas por José de Anchieta. O milagre das "três almas salvas", descrito em seu processo de beatificação, que se arrastou por mais de trezentos anos, conta como Anchieta converteu três pessoas em um só dia: um índio às portas da morte, um velho colono português e um menino que não conseguia andar – ao simples toque do bastão de Anchieta ele começou a caminhar.

Sua atuação lhe valeu o respeito e o carinho dos índios. Quando Anchieta morreu, quase cinquenta anos após a sua chegada ao Brasil, centenas de índios acompanharam seu esquife pelas praias do Espírito Santo entoando preces da aldeia de Reritiba a Vitória, na época a vila em que foi enterrado.

Embora a campanha para a beatificação de Anchieta tenha sido iniciada na Capitania da Bahia em 1617, ele só foi beatificado em junho de 1980 pelo papa João Paulo II. Seus devotos, até hoje, se empenham em comprovar um milagre que o levará ao altar dos santos.

Anchieta escreveu o célebre poema à Virgem Maria – "De Beata Virgine dei Mater Maria" – composto por 5.732 versos latinos. Ele escrevia com um bastão nas areias da praia de Iperoig. Os versos que o mar apagava, ele guardava na memória.

Passos de Anchieta – De Vitória a Anchieta, Espírito Santo

Início de junho

Criada em 1998, a rota de peregrinação Passos de Anchieta reconstitui a trilha habitualmente percorrida pelo padre José de Anchieta entre a antiga aldeia de Reritiba, atual Anchieta, e a Vila de Nossa Senhora da Vitória, atual Vitória, no Espírito Santo.

Esse trecho de cem quilômetros entre Anchieta e Vitória é também denominado Caminho das 12 Léguas, percurso que o jesuíta vencia muitas vezes na companhia dos guerreiros temiminó, que o acompanhavam na missão de cuidar do Colégio de São Tiago, em Vitória.

Os idealizadores da rota Passos de Anchieta conceberam uma caminhada anual de quatro dias, percorrendo a mesma trilha do padre Anchieta em sentido inverso, de Vitória a Anchieta – iniciada sempre no dia consagrado a Corpus Christi, é concluída no domingo. Nada impede, entretanto, que se faça o caminho em outras épocas do ano: a Associação Brasileira dos Amigos dos Passos de Anchieta (Abapa) mantém convênio com a agência de viagens Tour Espírito Santo e é possível montar pacotes personalizados para esse roteiro.

A rota de peregrinação Passos de Anchieta é cumprida em jornadas diárias de quatro a cinco horas, por pessoas que têm o hábito de caminhar regularmente, ou em períodos de seis a sete horas, por pessoas menos acostumadas ao exercício. Com a celebração de uma missa, o ponto de partida em Vitória é a Catedral Metropolitana e o trajeto termina na Igreja Matriz em Anchieta. O caminho passa por Vila Velha e Guarapari, vilas onde Anchieta costumava pernoitar.

Passos de Anchieta (caminhada oficial) – Trajeto e distâncias

1º dia: de Vitória a Barra do Jucu, em Vila Velha – 25 km

2º dia: de Barra do Jucu a Setiba, em Guarapari – 28 km

3º dia: de Setiba a Meaípe, ainda em Guarapari – 24 km

4º dia: de Meaípe a Anchieta – 23 km

A Abapa, com o apoio da Secretaria de Estado da Cultura (Setur), monta pontos de apoio aos andarilhos em intervalos constantes, chamados oásis, para lhes fornecer água, frutas e, se necessário, medicamentos, além de carros que ficam à disposição durante todo o trajeto. As credenciais dos peregrinos devem ser carimbadas nos postos indicados para que ao final do percurso o andarilho receba seu certificado de participação. É preciso ter pelo menos metade dos 16 carimbos para comprovar que o trajeto foi cumprido.

Para saber mais: <www.abapa.org.br>

Para outras informações: <atendimento@abapa.org.br> • Tel.: (27) 3227-2661 | (27) 3244-2323 | (27) 99706-7001

Não perca...
... EM VITÓRIA

Projeto Visitar

No Espírito Santo turistas e moradores contam com o Projeto Visitar: visitas monitoradas gratuitas a sete pontos de interesse no Centro Histórico da cidade. Abaixo, três igrejas que vale a pena conhecer. As visitas são realizadas de terça a domingo, das 9:00 às 17:00 horas.

Capela de Santa Luzia: Construída no século XVI com pedras e cal de ostra, a capela é a mais antiga edificação da cidade e conserva suas características originais, como as telhas de barro e a torre sineira. Erguida sobre uma rocha, era a capela particular de uma sesmaria doada no tempo das capitanias hereditárias. Abrigou por muitos anos o Museu de Arte Sacra de Vitória.

Igreja de São Gonçalo: Igreja construída no século XVIII pela Irmandade de Nossa Senhora do Amparo em conjunto com a Irmandade da Boa Morte, uma irmandade de homens pardos. Possui imagens que pertenceram à igreja do Colégio de São Tiago, o mesmo que o padre Anchieta ia cuidar em Vitória quando saía de Anchieta na companhia dos índios temiminó.

Igreja de Nossa Senhora do Rosário: Ela teve sua construção iniciada em setembro de 1765, e sua estrutura principal foi erguida em dois anos, a partir da mão de obra negra. As festas de Nossa Senhora do Rosário despertavam interesse na capitania, mas para os escravos da Irmandade de Nossa Senhora do Rosário dos Pretos apenas a devoção à Maria não era suficiente. Queriam, também, cultuar São Benedito, com o qual se identificavam tanto na cor quanto na pobreza. Um pequeno museu, localizado no andar superior da igreja, apresenta imagens e peças utilizadas pela irmandade de São Benedito, inclusive antigas vestes e um andor que pesa cerca de quatrocentos quilos, usados pelos fiéis durante as procissões ao santo.

Para saber mais: <www.institutogoia.org/pg/2996/visitar/>
Horário de funcionamento: De segunda a sexta, das 9h às 13h e das 14h às 18h
Para outras informações: <projetovisitar@vitoria.es.gov.br> • Tel.: (27) 3235-7078 | (27) 3235-2002

... EM VILA VELHA

Convento de Nossa Senhora da Penha

Localizado em um penhasco de 154 metros de altura, de frente para o mar, o convento da Penha abriga séculos de história e de devoção franciscana. Formado por construções de diferentes épocas, do século XVI ao século XVIII, sua capela original recebeu a imagem de Nossa Senhora da Penha em 1569, vinda de Portugal. É o primeiro convento mariano construído no Brasil.

Festa da Penha, ou de Nossa Senhora das Alegrias: A devoção inicial era à Nossa Senhora das Alegrias, nome originado das sete alegrias de Maria, também chamada Dos Prazeres. Com a construção da capela sobre o penhasco, a imagem do altar-mor passou a ser denominada Nossa Senhora da Penha, fazendo referência ao penhasco, palavra cujo significado é "penha (pedra) elevada".

Todos os anos, no Domingo de Páscoa, tem início o Oitavário que festeja a padroeira do Espírito Santo. A Festa da Penha é celebrada durante sete dias – com missas, romarias e shows que atraem peregrinos de todo o país – e no oitavo dia é encerrada com uma missa em homenagem à Nossa Senhora da Penha.

Localização: Rua Vasco Coutinho, s/n, Prainha, Vila Velha, ES • Tel.: (27) 3329-0420
Horário de funcionamento: De segunda a sábado, das 5h15 às 16h45 | Domingo, das 4h15 às 16h45
Para saber mais: <www.conventodapenha.org.br>

... EM GUARAPARI

Igreja de Nossa Senhora da Conceição

Construída em 1585 por Anchieta no alto de uma colina, essa igreja começou o povoamento de Guarapari. Ao lado da capela está localizada a casa dos jesuítas. No início dedicada a Sant'Ana, Anchieta escreveu um auto em tupi para a inauguração. Depois a matriz passou a homenagear Nossa Senhora da Conceição, instituída padroeira da aldeia. É também conhecida como Igreja das Conchas – as conchinhas que revestem as paredes externas hoje são pouco visíveis. Na antiga sacristia, há um museu com acervo sacro: castiçais, cálices, crucifixos e imagens do século XVIII.

Localização: R. João Cavati, s/n, Morro da Igreja, Guarapari, ES

Para saber mais: <www.pnscguarapari.org.br>

Para outras informações: Tel.: (27) 3261-0881

Poço dos Jesuítas

Os jesuítas construíram diversos poços ao redor do morro do Atalaia para obter água potável no século XVI. O único que restou foi construído em forma de cúpula com pedras sobrepostas, unidas por massa feita de barro, areia, conchas trituradas e óleo de baleia. Boa parte da população utilizava a água do "poço da fonte" para cozinhar, lavar roupa e tomar banho até haver fornecimento de água na cidade. Muitos acreditam no poder curativo de sua água.

Localização: Praia da Fonte, Morro do Atalaia, Guarapari, ES

Igreja de Sant'Ana – Meaípe

Construída em 1619 no alto de uma pedreira no Balneário de Meaípe, essa pequena igreja tem boa visão do mar. Sua localização estratégica permitiu guardar a costa e dificultou o ataque dos índios. Restaurada diversas vezes, é um dos marcos da passagem da catequese dos jesuítas por Guarapari.

Localização: R. Belo Horizonte, s/n, Praia do Meaípe, distante 8,5 quilômetros do centro de Guarapari, ES

Passos dos Jesuítas: Anchieta – De Peruíbe a Ubatuba, São Paulo

Durante todo o ano

Com trajeto de 360 quilômetros, a rota Passos dos Jesuítas: Anchieta inclui 13 cidades do litoral paulista – de Peruíbe a Ubatuba –, remontando os passos trilhados pelos missionários jesuítas, sobretudo pelo padre Anchieta, durante suas expedições de catequização por terras paulistas. Há placas de sinalização durante todo o percurso, e é possível iniciar a caminhada de qualquer cidade participante, desde que seja sempre rumo ao norte, em direção a Ubatuba. No entanto, para receber o certificado de participação, é preciso percorrer pelo menos 12 dos municípios estipulados pelo traçado oficial.

Para saber mais: <www.caminhasaopaulo.com.br/jesuitas>

Para outras informações: atendimento@passosdosjesuitas.com.br <www.passosdosjesuitas.com.br> • Tel.: 0300 745 0000

Não perca...
... EM PERUÍBE

Ruínas de Abarabebê

Considerada marco histórico da fundação da cidade, essa capela construída com argila e pedras foi o primeiro local utilizado por Anchieta para a catequese indígena.

Localização: Outeiro de São João Batista, com acesso pela avenida Padre Anchieta e rua Dr. João Atala, Balneário Maria Helena Novaes, Peruíbe, SP

Horário de funcionamento: De quarta a sexta, das 10h às 16h | Sábado e domingo, das 11h às 17h | Departamento de Cultura • Tel.: (13) 3454-1215

... EM ITANHAÉM

Cama de Anchieta

Formação rochosa utilizada como refúgio pelo padre jesuíta para repouso e meditação junto ao mar. Embora seja um dos pontos mais visitados de Itanhaém, não há registro de que realmente ele repousasse ali. O acesso é feito por uma passarela.

Localização: Praia do Sonho, Itanhaém, SP

... EM SÃO VICENTE

Biquinha de Anchieta

Construída em 1553 com azulejos que retratam uma cena de catequização indígena, abastecia a vila de água potável e era ponto de encontro para a catequese. Na praça há uma estátua de Anchieta em tamanho natural escrevendo na areia.

Localização: Praça 22 de Janeiro, junto à avenida Getúlio Vargas, São Vicente, SP

... EM BERTIOGA

Forte São João

Construído em 1547 para defender as vilas em formação no litoral, chegou a abrigar Manoel da Nóbrega e José de Anchieta durante o período de enfrentamento com os indígenas conhecido como Confederação dos Tamoios.

Localização: Canal de Bertioga, Bertioga, SP

Horário de funcionamento: Diariamente, das 9h às 17h

... EM UBATUBA

Praia de Iperoig ou do Cruzeiro

Palco da "Paz de Iperoig", que pôs fim à Confederação dos Tamoios. Em suas areias Anchieta teria escrito o poema à Virgem Maria enquanto aguardava o acerto final do tratado de paz. No calçadão que margeia a praia há uma estátua do jesuíta.

Localização: Avenida Iperoig, Centro, Ubatuba, SP

Os Sete Povos das Missões

Muito antes da chegada de Cristóvão Colombo à América, em 1492, os índios da etnia guarani, conhecidos como "povo de caminhantes", já habitavam uma vasta região da América Latina que hoje compreende a Bolívia, o Paraguai, a Argentina e o Brasil. Grande parte dessa região, localizada no sul do Brasil, pertencia à Coroa Espanhola.

Com a assinatura do Tratado de Tordesilhas, em 1494, coube à Espanha um vasto território a administrar, e ao mesmo tempo dominar a população guarani dispersa naquelas terras. Como não havia recursos militares para tanto, Felipe II, rei da Espanha, achou por bem que os indígenas fossem submetidos à colonização, não pela força, mas pela Palavra do Evangelho. Convocaram, então, os jesuítas, que já atuavam no Paraguai. Disciplinados, empreendedores, vanguardistas e conhecidos pela habilidade de se adaptar às condições mais adversas, os jesuítas se tornaram célebres durante o longo período de sua atuação nas Missões Jesuíticas na América.

O encontro entre esses dois grupos sociais – indígenas e padres jesuítas – alterou profundamente a história das relações humanas entre os séculos XVII e XVIII. As Missões Jesuíticas envolveram três países da América do Sul com fronteiras comuns: Argentina, Brasil e Paraguai. Inicialmente eram formadas por trinta povoados, oito deles ficavam no Paraguai, 15 na Argentina e sete no Brasil – os Sete Povos das Missões.

As Missões Jesuíticas prosperaram a tal ponto que, em meados do século XVIII, os religiosos se tornaram suspeitos de tentar criar um império independente, o que resultou na sua expulsão das colônias em 1759 e na dissolução da Ordem dos Jesuítas em 1773. Esses fatos causaram o colapso do sistema missioneiro e a dispersão dos povos indígenas que viviam nas reduções. Hoje são consideradas parte integrante da identidade nacional nos países do continente americano e um significativo grupo de monumentos missioneiros – dois no Paraguai, cinco na Argentina (um deles compartilhado com o Brasil, as ruínas de São Miguel das Missões) e seis na Bolívia – foi declarado Patrimônio Mundial pela Unesco, o órgão das Nações Unidas para a educação, a ciência e a cultura.

A Companhia de Jesus foi restaurada em 1814 e mantém até hoje (em 2014, comemora-se o Bicentenário da Restauração) a mesma linha de trabalho junto aos povos indígenas ou não. Um bom exemplo dessa permanência é o trabalho do novo papa da Igreja Católica, Francisco.

Em viagem...

Há anos eu esperava uma oportunidade para ir conhecer a região das Missões, no Rio Grande do Sul. Enfrentando mais de quinhentos quilômetros a partir do aeroporto Salgado Filho, cruzamos boa parte do estado do Rio Grande do Sul, até quase a fronteira com a Argentina. O cenário é de tirar o fôlego. Campos de soja e de milho se estendem até onde a vista alcança na chamada Rota das Terras, região agrícola extremamente produtiva, de valores culturais inalterados.

De repente, de forma quase inesperada, atravessamos o portal que conduz à Terra das Missões, um lugar habitado pela história. Sobre a grama macia, tocada levemente pela brisa, erguem-se as ruínas da Catedral de São Miguel Arcanjo. Quantas pedras terão sido necessárias para erguer esse monumento? Quantas mãos terão moldado suas telhas no barro? Quantas vozes terão ali entoado preces louvando o Deus dos brancos?

Esplendor de uma civilização

A história da penetração dos jesuítas e do ciclo missioneiro nos territórios do sul do Brasil divide-se em dois períodos: o primeiro, iniciado em 1626, resultou em 18 reduções e teve duração de apenas 11 anos.

O segundo caracterizou-se pelo esplendor da civilização conhecida como os Sete Povos das Missões. Grandes levas de índios convertidos formavam verdadeiras cidades instaladas na selva, algumas com mais de 8 mil habitantes. Além da igreja, centro da vida da comunidade, havia hospital, asilo e escolas, casa e comida em abundância para todos.

Oficinas e pequenas indústrias completavam o cenário. Tão bem quanto na Europa, nessas comunidades fabricavam-se instrumentos musicais, imprimiam-se livros e havia até mesmo um observatório astronômico que editava boletins meteorológicos.

A religião, como não podia deixar de ser, tinha forte acento doutrinário, incluindo diversos rituais – cantos, danças, encenações, procissões, festas, competições. Diversos jesuítas eram excelentes músicos. Sob sua influência, formaram-se grandes orquestras e coros de índios e mestiços que podiam rivalizar com os conjuntos musicais europeus. A facilidade que os indígenas tinham para as diversas artes era surpreendente e causava espanto aos próprios missionários.

Rezas e benzeduras

São Miguel das Missões possui um legado histórico e cultural deixado pelos padres jesuítas e também pelos índios guarani – essa é a herança dos pajés, que realizavam curas através de chás, rezas e benzeduras, ainda hoje utilizados em rituais primitivos conduzidos pelos inúmeros rezadores e benzedeiras que vivem na região.

Kuaraê Poty

O jovem cacique Kuaraê Poty é descendente de Verá Guaçu, líder histórico dos mbya, um dos grupos da etnia guarani que habitam o interior do Rio Grande do Sul. Seus ancestrais eram nômades e por mais de 2 mil anos foram os únicos donos dessas terras, vagando por matas livres de fronteiras. "Os mais velhos ainda sonham caçar javalis nas matas e ter acesso livre a todos os lugares, sem burocracia. Deus fez o mundo para todos, não precisava ter limites."

Cacique eleito com apenas 26 anos, Kuaraê Poty quer manter as raízes de seu povo e fazê-lo orgulhar-se de sua etnia. Ariel Duarte Ortega, o nome branco adotado por ele, gosta de tecnologia e utiliza o vídeo como ferramenta desse resgate cultural. Essa foi a maneira que encontrou para se tornar um índio contemporâneo e lutar pelos direitos de seus antepassados, os verdadeiros donos dessas terras.

Dona Alzira, uma das benzedeiras mais conhecidas de São Miguel das Missões, mora em uma casinha de madeira pintada na cor púrpura, cheia de plantas na varanda. Ao lado de sua casa, em um quartinho que ela chama de santuário, dona Alzira guarda sua coleção de santos, protagonistas de suas rezas. Vários diplomas certificam que Alzira de Oliveira Leite trabalhou durante 19 anos na Pastoral da Criança e hoje é benzedeira. As rezas, em geral, são feitas por meio de gestos e orações para aliviar males físicos e espirituais. Caso o doente não possa ir até o benzedor, a cura pode se dar pelo benzimento de seus objetos, o que é feito de modo totalmente gratuito. O trabalho dos benzedores na região de São Miguel das Missões aumentou bastante desde que se tornou Patrimônio Cultural da Humanidade em 1983 e houve o desenvolvimento do polo turístico.

Em viagem...

No dia seguinte, chegamos cedo à praça principal do centro histórico da cidade de Santo Ângelo, a 38 quilômetros de São Miguel das Missões. Antiga redução fundada em 1706 pelo padre jesuíta belga Diogo de Haze, foi consagrada ao Anjo Custódio das Missões – o que tem a custódia, a guarda –, considerado o protetor dos povos missioneiros, o santo Anjo da Guarda. Na praça, em frente à Catedral de Santo Ângelo, ou Catedral Angelopolitana, sob as bênçãos dos santos padroeiros dos Sete Povos das Missões, assistimos à chegada de um grupo de peregrinos que percorreu a pé o Caminho das Missões.

O Brasil, aos poucos, vai se tornando um país de caminhantes. Seguindo os rastros da nossa história, periodicamente novos caminhos vão sendo demarcados e atraem caminhantes e peregrinos que desejam conhecer de perto a magia que emana dessa Terra das Missões.

Caminho das Missões – Rio Grande do Sul

Durante quase todo o ano

O Caminho das Missões é um roteiro que segue antigas trilhas guarani, passando por estradas de tropeiros e caminhos missioneiros que ligavam as reduções jesuítas no estado do Rio Grande do Sul. O percurso, que ora se apresenta como uma jornada de peregrinação mítica, ora como um caminho histórico, parte do município de São Borja, local da primeira redução jesuíta dos Sete Povos das Missões, e passa por várias comunidades, fazendas e estâncias, sempre próximo ao rio Uruguai, que marca a fronteira com a Argentina.

Nos 325 quilômetros de extensão o relevo é plano, com algumas descidas e subidas próximas aos rios. O Caminho das Missões não tem sinalização efetiva. Estão sendo negociadas, com as prefeituras da região, a pintura das setas, a colocação de placas e sua posterior manutenção.

Os roteiros variam de três a 14 dias. Há caminhadas em grupo programadas para quase todos os meses do ano e podem também ser feitas caminhadas individuais. É preciso fazer a inscrição com antecedência e o trajeto é indicado apenas por mapas. Sugere-se a contratação do serviço de guias ao menos nos sítios arqueológicos, para que sejam conhecidas peculiaridades da história do lugar.

O Caminho das Missões pode igualmente ser percorrido de bicicleta, em roteiros de três ou de cinco dias. O percurso de cinco dias abrange os 325 quilômetros e inclui travessias em barcas e trajeto de barco.

Localização: Rua Antunes Ribas, 984, Centro, Santo Ângelo, RS • Tel.: (55) 3312-9632 | (55) 8405-8528

Horário de funcionamento: De segunda a sexta, das 8h às 18h

Para saber mais: <www.caminhodasmissões.com.br>

Para outras informações: <www.setur.rs.gov.br> e <atendimento@caminhodasmissoes.com.br>

N
Santo
Ângelo
Entre-
-Ijuís
Parque
das Fontes
João
de Matos
Esquina
Ezequiel
Sítio Arqueológico
São João Batista
São Miguel
das Missões
São Lourenço
Mártir
Laranja
Azeda
São Luiz
Gonzaga
Dona
Antônia
Rincão
dos Conde
Rincão dos Teixeira
São Nicolau
Escola
21 de Abril
São
José
Velho
Seu
Xco
Família
Isbrich
Rio
Uruguai
Sarandí
Passo
da Barca
São Borja

Não perca...

... EM SÃO MIGUEL DAS MISSÕES

Sítio Arqueológico de São Miguel Arcanjo

Das antigas sete reduções localizadas no Rio Grande do Sul, o Sítio Arqueológico de São Miguel Arcanjo se destaca por apresentar o maior número de estruturas e o melhor estado de conservação – entre outras, ainda são visíveis as fundações do colégio, das oficinas, do cemitério, das casas dos índios e da igreja –, motivo que o fez ser considerado Patrimônio Cultural da Humanidade em 1983. Além da visita às ruínas e ao museu instalado no local, à noite poderá ser visto um espetáculo de luz e som que conta a história das Missões, com duração de cinquenta minutos. Visitas guiadas poderão ser agendadas com antecedência.

Localização: Com acesso pela rodovia BR-285, São Miguel das Missões dista 519 quilômetros de Porto Alegre e sessenta quilômetros de Santo Ângelo, um dos Sete Povos das Missões. Santo Ângelo recebe diariamente voos diurnos e noturnos de Porto Alegre • Tel.: (55) 3381-1399, Instituto do Patrimônio Histórico e Artístico Nacional | (55) 3381-1294, Secretaria Municipal de Cultura

Horário de funcionamento: Diariamente, das 9h às 12h e das 14h às 18h. O espetáculo noturno de luz e som também é diário, com alteração de horário de início durante o verão.

Para outras informações: <www.saomiguel-rs.com.br> e <www.rotamissoes. com.br>

Aldeia Alvorada, ou Tekoá Koenju

Também conhecida como Reserva Indígena Inhacapetum, a aldeia Alvorada está localizada na margem direita do rio que recebe esse nome. A história da constituição dessa aldeia data de 1994, ano em que um dos líderes mbya, José Acosta, acompanhado de sua esposa Paula e mais quatro famílias, instalou-se junto à antiga fonte dos jesuítas, nas cercanias da antiga redução de São Miguel Arcanjo. Desde 2004 é sede da Associação Consciência Guarani, que procura preservar e divulgar a cultura e os valores étnicos e religiosos de seu povo, como também trabalhar pelo desenvolvimento sustentável da aldeia.

Localização: Distante trinta quilômetros da cidade de São Miguel das Missões, RS, a aldeia Alvorada é alcançada por uma estrada de terra • Tel.: (55) 8122-9374 Ariel | (55) 9941-8103 Nicanor

Horário de funcionamento: Diariamente, para a comercialização de artesanato. Mediante agendamento, é possível assistir à apresentação do coral Jerojy Guarani, formado por meninos e meninas da aldeia.

Para saber mais: <www.rotamissoes.com.br> e <www.setur.rs.org.br>

Para outras informações: <tekoakoenju@gmail.com>

... EM SANTO ÂNGELO

Catedral de Santo Ângelo

Erguida na praça principal de Santo Ângelo, é a maior atração da cidade. A Catedral Angelopolitana é a reconstrução da antiga igreja que existia no mesmo local no século XVIII, na época da redução de Santo Ângelo Custódio. A arquitetura da catedral é um misto dos estilos barroco, renascentista e guarani. Um dos destaques é o Cristo Morto esculpido em madeira pelos indígenas por volta de 1720. Na Sexta-Feira Santa, o Cristo é levado em procissão pelas ruas de Santo Ângelo, sempre acompanhada por muitos devotos.

Localização: Praça Pinheiro Machado, s/n, Centro Histórico, Santo Ângelo, RS • Tel.: (55) 3312-1416

Horário de funcionamento: Diariamente, das 8h30 às 11h30 e das 14h às 17h

Museu Municipal Doutor José Olavo Machado

Por intermédio dos objetos expostos podem ser conhecidas as diferentes fases da história de Santo Ângelo: há desde material arqueológico do período anterior à chegada dos jesuítas até fases da história local recente. Possui ainda uma maquete da redução de Santo Ângelo Custódio.

Localização: Rua Antunes Ribas, s/n (em frente à Catedral Angelopolitana), Centro Histórico, Santo Ângelo, RS • Tel.: (55) 3312-0100 | (55) 3312-0170

Horário de funcionamento: De terça a domingo, das 9h às 12h e das 14h às 17h

O martírio dos santos mártires

Um dos episódios mais importantes da época de enfrentamento e desconfiança mútua entre índios e religiosos ocorreu quando um padre chamado Roque Gonzales de Santa Cruz, nascido em Assunção, no Paraguai, cruzou o rio Uruguai com a finalidade de fundar na margem oriental uma redução de índios guarani. Ele tinha sido criado entre os índios, conhecia suas tradições, e se indignava com os abusos que os colonizadores espanhóis impunham a eles. Além de tomarem suas terras, os brancos os faziam trabalhar como escravos e muitas vezes os açoitavam até a morte.

Durante o processo de conquista dos índios, alguns grupos aceitavam a catequese, outros não. Os grandes opositores dos jesuítas no início das reduções foram os líderes espirituais das tribos, os pajés. Sentindo seu poder ameaçado, eles buscavam neutralizar a influência dos missionários desencadeando guerras contra eles.

Em terras próximas a Assunção de Ijuí reinava um poderoso cacique de nome Nheçu, que nutria ódio especial pelo padre Roque Gonzales – ele não suportava a presença em suas terras de missionários que impunham regras cristãs. No dia 15 de novembro de 1628, após rezar a missa, padre Roque foi atacado pelas costas a golpes de itaiçá, instrumento usado pelos índios para abater animais – partiram sua cabeça, e suas vestes foram incendiadas. Dois companheiros do padre Roque Gonzales, os missionários Afonso Rodrigues e João de Castilho, também foram martirizados. Os chamados "três mártires de Caaró" foram declarados santos e canonizados em 16 de maio de 1988 pelo papa João Paulo II.

Trilha dos Santos Mártires – Caibaté, Rio Grande do Sul

Meados de novembro

Foram as comunidades dos municípios vizinhos, compostas de imigrantes alemães, poloneses e italianos, que a partir da década de 1930 revitalizaram a memória do massacre dos três padres jesuítas e recriaram uma rota de peregrinação em terras consideradas sagradas.

O início da trilha é a Cruz no Passo do Padre, no rio Uruguai, seguindo-se o Sítio Arqueológico de São Nicolau; a arquitetura alemã de algumas casas de Pirapó; o rio Ijuí, a Cruz de João de Castilho; o Santuário de Assunção do Ijuí; o cerro Inhacurutum; a cultura pomerana na linha Inhacurutum; o Centro Germânico Missioneiro, em São Pedro do Butiá; a redução de Candelária do Caaçapamini, em Rolador e, por fim, o Santuário de Caaró, em Caibaté.

Nos 170 quilômetros percorridos em sete dias de peregrinação pode-se vivenciar a história, desenvolver a espiritualidade e ainda valorizar a ecologia local. Desde 2010, nos últimos dias de abril ou nos primeiros dias de maio, são realizadas também cavalgadas na Trilha dos Santos Mártires.

Localização: Rua Padre Anchieta, 72, Centro, Roque Gonzales, RS • Tel.: (55) 3365-1000
Associação Amigos da Trilha dos Santos Mártires das Missões
Horário de funcionamento: Entre em contato por e-mail ou telefone
Para saber mais: <www.trilhadossantosmartires.com.br>
Para outras informações: <venturini@viacom.com.br> • Tel.: (55) 3352-2197

Não perca...
... EM CAIBATÉ

Santuário do Caaró

Situado a 25 quilômetros do Sítio Arqueológico de São Miguel Arcanjo, no Santuário do Caaró pode ser visto o coração do padre Roque Gonzales, que, mesmo depois de perfurado por uma flecha e lançado ao fogo, permanece quase intacto há quase quatro séculos, sem nenhum conservante. Esse foi o fato que deu início ao processo de beatificação e, posteriormente, o reconhecimento como santo pela Igreja Católica.

Localização: Rodovia BR-285, km 416, dois quilômetros em estrada asfaltada a partir do trevo de acesso a Caibaté, RS | Construído a 14 quilômetros do centro de Caibaté, o acesso também pode ser feito pela rodovia RS-536 • Tel.: (55) 3355-1211

Horário de funcionamento: Diariamente, das 7h às 17h

Para saber mais: <www.caibate.rs.gov.br>

Heranças de Portugal

Desde o início da colonização corria entre os índios a lenda de que havia uma terra distante, onde o ouro brotava no leito dos rios. As jornadas não foram bem-sucedidas, mas passaram a revelar o nosso imenso território. A descoberta do ouro nas chamadas Minas Gerais enriqueceu essa região – surgiram vilas prósperas e novos tipos de trabalho –, e também Portugal: nossas riquezas estavam sempre a caminho do porto mais próximo... Perdemos muitas delas, é certo, mas também ganhamos bastante, pois influências importantes chegaram da Europa, renovando antigos costumes coloniais. Portugal trouxe a prática religiosa em moldes tradicionais, a igreja era o centro da vida social em que a religiosidade se encontrava indissociada da vida cotidiana. As missas, as confissões, os cânticos e as cerimônias do calendário litúrgico marcavam seus dias. Nessa região, os rituais seculares foram preservados e continuam a ser vividos.

Minas Gerais: Semana Santa como manda a tradição

Minas Gerais herdou dos portugueses a tradição da religiosidade cristã católica e vem mantendo, com minúcias, a realização de ritos antiquíssimos. Novenas, procissões e a representação de todos os episódios que envolveram os últimos dias da vida terrena de Jesus são vividas com muita dedicação e o forte sentimento de pertença e fé. No Sábado Santo, as comunidades são convidadas a permanecer em espírito de recolhimento e à noite a acompanhar a Vigília Pascal. No Domingo da Ressurreição, uma missa solene encerra as cerimônias da Semana Santa.

Em viagem...

Decidimos acompanhar as celebrações da Semana Santa em duas das mais conhecidas cidades históricas de Minas – São João del-Rei e Ouro Preto –, cujos ritos religiosos são considerados pelo Vaticano os mais tradicionais do mundo católico.

É durante esse tempo de reflexão que as cidades mineiras vivem seus momentos mais admiráveis, que tanto impressionaram os viajantes que frequentaram nossas terras no período colonial: ruas e ladeiras, com seus casarões de muitas janelas, vestem o roxo da Paixão; ervas perfumadas cobrem o piso das igrejas; sinos, em múltiplos repiques, transmitem os chamados de Deus, e sobre mágicos tapetes coloridos deslizam as procissões.

Setenário das Dores de Maria

Em São João del-Rei, ao anoitecer, ouve-se o chamado dos sinos. Seu toque vigoroso convida os fiéis para as solenidades de conclusão do Setenário das Dores de Maria. Realizada desde fins do século XVIII pela Venerável Irmandade do Senhor Bom Jesus dos Passos, essa cerimônia encerra o ciclo da Quaresma. Sete dias antes do início da Semana Santa, seguindo o espírito das novenas, contempla-se a cada dia uma das sete dores de Maria – os sete lances dolorosos que acompanharam sua vida terrena: a profecia de Simão, a fuga para o Egito, a perda de Jesus aos 12 anos durante uma peregrinação à Cidade Santa, o caminho de Jesus para o Gólgota, a Crucificação, a Deposição da Cruz e o Sepultamento.

Durante a Idade Média, o grande desejo dos cristãos europeus era fazer, pelo menos uma vez na vida, uma peregrinação à Terra Santa para refazer os passos de Jesus a caminho do Calvário. Como nem todos podiam ir a Jerusalém, as antigas cidades coloniais construíram seus passinhos – pequenas capelas que representam a Via-Sacra, as estações da vida de Cristo –, desde a prisão até o suplício na cruz. São João del-Rei possui cinco dessas capelas, dispostas ao longo do Centro Histórico, e suas portas são abertas para visitação apenas durante a Semana Santa.

A palavra Páscoa quer dizer "passagem" e deve ser entendida como um processo de mudança, de regeneração, sinal e antecipação de um mundo novo, um projeto de transformação universal.

Encomendação das almas

Durante as sextas-feiras da Quaresma, um ritual folclórico-religioso atrai devotos, turistas curiosos e até mesmo almas penadas, ainda apegadas aos costumes humanos.

Histórias bíblicas

O Novo Testamento nos fala do domingo que antecedeu a Ressurreição de Nosso Senhor Jesus Cristo, o Domingo de Ramos. Alguns dias antes da Páscoa judaica, aproximando-se de Jerusalém, Jesus e seus discípulos fizeram uma parada em Betfagé, perto do monte das Oliveiras. O Mestre teria então pedido a eles: "Ide até o povoado mais próximo, lá encontrareis uma jumenta amarrada e, com ela, um jumentinho. Desamarrai-a e trazei-os a mim. Se alguém vos disser alguma coisa, dizei: 'O Senhor precisa deles, mas logo os devolverá'". Ao entrar na cidade de Jerusalém, humildemente montado no animal que escolhera, ele foi aclamado pela multidão, que estendeu suas vestes pelo caminho enquanto acenava com ramos cortados das árvores. Esse fato despertou a ira e a inveja entre os sacerdotes: temerosos de perder o poder, começaram a tramar a condenação de Jesus à morte. Em poucos dias tudo foi consumado. Aprisionado, açoitado e coroado com espinhos, Jesus foi levado à cruz. E Jerusalém se cobriu de trevas.

Essa é a encomendação das almas, tradição religiosa herdada de Portugal. Nas pequenas cidades do interior de Minas Gerais, os celebrantes se fazem acompanhar de instrumentos primitivos, como o reco-reco, o berra-boi, que faz um zumbido tenebroso, e a matraca. Juntos eles produzem um som harmonioso e profundo, mas extremamente perturbador.

A cena se passa na cidade quase deserta, quando janelas e portas já se fecharam e os passos do grupo de rezadores ecoam nas ladeiras e nos becos do Centro Histórico de São João del-Rei. Eles visitam os cemitérios da cidade homenageando, com orações, as almas de parentes e amigos já falecidos. Muitos acreditam que as almas que estão no purgatório acompanham os caminhantes ao longo de todo o trajeto, que deve cruzar sete encruzilhadas até chegar ao cemitério.

Quarta-Feira Santa – Ofício de Trevas

Ao fazer o sinal da cruz, lembre-se de que invocamos a Santíssima Trindade (Pai, Filho e Espírito Santo), escudo poderoso contra as forças do mal.

Desde o século VII as comunidades cristãs celebram com orações a morte de Nosso Senhor, mas somente a partir do século XII o nome Ofício de Trevas passou a indicar a solenidade noturna que se realiza três dias antes do Domingo da Ressurreição. Esse rito teve origem nas antigas abadias em que os monges se levantam à noite para o canto chamado Matinas, porque é realizado depois da meia-noite, e Laudes, ao amanhecer do novo dia. Nessas ocasiões é usado um candelabro, em forma de triângulo, com 15 velas. Dessas, 14 representam o número de salmos que compõem os dois ofícios, e ao final de cada salmo uma vela é apagada. A 15ª, colocada no ápice do candelabro, não é apagada, permanecendo acesa até o nascer do sol. A simbologia desse ato é que as duas luzes, a da vela e a do sol, representam a luz de Cristo ressuscitado, que jamais será ofuscada.

Ao final do Ofício de Trevas, com a igreja às escuras, ouve-se o alto ruído provocado pelos fiéis que fecham os livros com força e batem os pés no chão, em uma tentativa de reproduzir o terremoto que acompanhou a morte de Jesus e as trevas que cobriram Jerusalém. Eu me pergunto: "Como esses atos puderam perdurar ao longo de mais de dois séculos e ainda provocar tamanha emoção?".

Histórias bíblicas

A tradição cristã nos conta que, depois da morte de Jesus, os vultos de dois homens se destacaram no cenário da Crucificação – José de Arimateia e Nicodemos. Esses homens, que não participavam do círculo de Jesus, planejavam descê-lo da cruz e sepultá-lo. Como explicar que naquele momento de terror, em que os próprios apóstolos desapareceram com medo dos judeus, alguém se unisse para realizar as cerimônias pós-morte de Cristo? José de Arimateia pediu a Pilatos que lhe permitisse oferecer uma sepultura a Jesus. Nicodemos providenciou unguentos e ervas, material necessário para o embalsamamento. Eles encostaram duas escadas na cruz e, passando um pano largo de linho sob os braços, prenderam o corpo de Jesus. Retiraram os cravos das palmas das mãos e permitiram que, uma por vez, elas pendessem livres. Desceram Nosso Senhor da cruz. O corpo de Jesus foi posto dentro de uma caverna e a fecharam com uma pedra grande e pesada. Na manhã de domingo ela foi encontrada vazia.

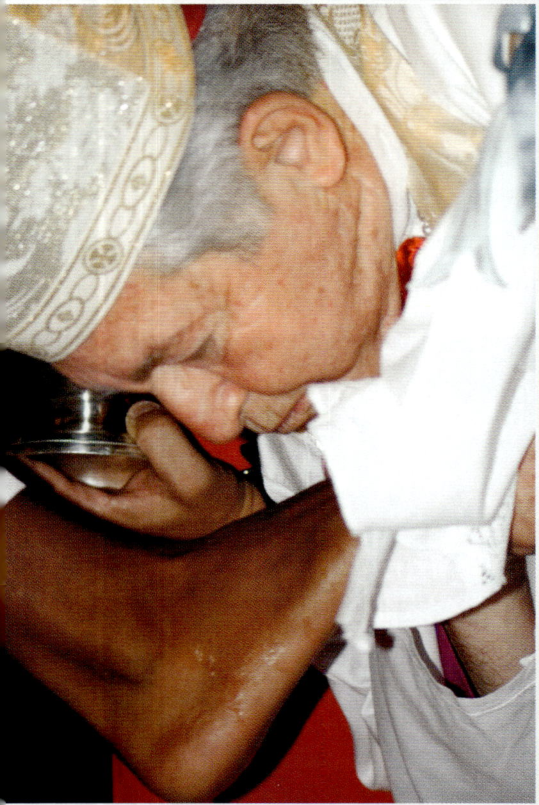

I
II
III
IV
V
VI
VII
VIII
IX
X

Quinta-Feira Santa – Cerimônia do Lava-Pés

Nesse dia a programação de missas é extensa e as celebrações têm audiência extraordinária, com igrejas lotadas dia e noite. Na Quinta-Feira Santa, depois da missa das 17 horas, os membros da Irmandade de Nossa Senhora do Pilar dão uma volta completa ao redor da nave da catedral, expondo o Santíssimo à adoração de todos. Envolto em nuvens de incenso, e levado por passos cadenciados ao ritmo das matracas, o Santíssimo é transladado para a capela em procissão solene, uma cerimônia revestida de muito respeito e fé. Fora da catedral, na praça Francisco Neves, local em que é erguido o palco para a teatralização da cerimônia histórica do Lava-Pés, sempre há um grupo alegre de crianças, pipoqueiros, vendedores de balões coloridos, jovens e idosos – esse público representa a parte profana da festa.

Sexta-Feira da Paixão – Descida da Cruz e Procissão do Enterro

Com centenas de figurantes, acompanhamento de canto coral e música instrumental a cargo da orquestra Ribeiro Bastos, atuante na cidade desde o século XVIII, essas passagens de enorme impacto emocional são representadas em São João del-Rei na noite da Sexta-Feira da Paixão. A escadaria da igreja de Nossa Senhora das Mercês é tradicionalmente o palco dessa celebração e a Procissão do Enterro segue fielmente a tradição: mantém as características das primeiras representações, ocorridas também no século XVIII. O cortejo, seguido por centenas de pessoas, percorre as principais ruas do Centro Histórico em silêncio, quebrado apenas pelo Canto da Verônica, interpretado por uma das cantoras do coral em frente às pequenas capelas dos Passos da Paixão de Cristo que há no trajeto, ou pelo som das matracas, que mais uma vez acompanham a cerimônia.

Em viagem...

Na manhã seguinte, sábado, saímos de São João del-Rei com destino a Ouro Preto. A cidade de Ouro Preto, primeira capital de Minas Gerais, já foi chamada Vila Rica e sediou, nos séculos XVII e XVIII, a história do Ciclo do Ouro no Brasil. Dizem que, naquela época, o ouro era tanto que em alguns riachos era só mergulhar a bateia na água para enriquecer. A principal cidade mineira tinha, nessa época, 30 mil habitantes, muitos deles tão ricos que mal sabiam o que fazer com seu dinheiro – compravam escravos, construíam mansões e igrejas com altares recobertos de ouro. Ouro Preto é o maior conjunto arquitetônico barroco do Brasil, declarado Patrimônio Cultural da Humanidade pela Unesco em 1980.

Na Páscoa a cidade fica ainda mais bonita, pois suas janelas, como em São João del-Rei, são ornadas com tecidos roxos que remetem à Paixão. É costume nas cidades mineiras as casas acenderem velas em lanternas na Sexta-Feira Santa à noite, para iluminar a Procissão do Enterro. Na noite do Sábado Santo, e na madrugada do Domingo da Ressurreição, a cidade se mobiliza para confeccionar os tapetes de flores de serragem colorida. Artistas da comunidade passam a noite trabalhando nos tapetes de rua que revestem todo o trajeto da procissão.

A Páscoa marca o encerramento do Tríduo Pascal – a Ceia do Senhor, o Sacrifício na Cruz e a Vigília Pascal – como prenúncio do grande mistério da fé, a triunfal Ressurreição de Cristo. Para a Igreja Católica esse é um momento de alegria, hora de deixar para trás o sofrimento e a dor e seguir para um tempo de amor e fé.

Cidades Históricas de Minas Gerais

Período de Quaresma e Páscoa

A Quaresma é descrita muitas vezes como uma viagem espiritual ou uma peregrinação interior, na qual o fiel empreende um processo de conversão e renovação. Durante esse período de preparação para a Paixão, a Morte e a Ressurreição de Cristo, a Igreja Católica sugere várias práticas, como o jejum, a oração e a esmola, além de incentivar também uma peregrinação física para acompanhar a espiritual.

Ao peregrinar pelas cidades históricas mineiras no período de Quaresma e Páscoa adicione mais alguns quilômetros ao seu trajeto e vá conhecer um dos mais belos cenários de Minas Gerais em uma panorâmica de 360 graus no Santuário da Serra da Piedade, a mais de 1.700 metros de altitude; em dias claros avistam-se nove cidades.

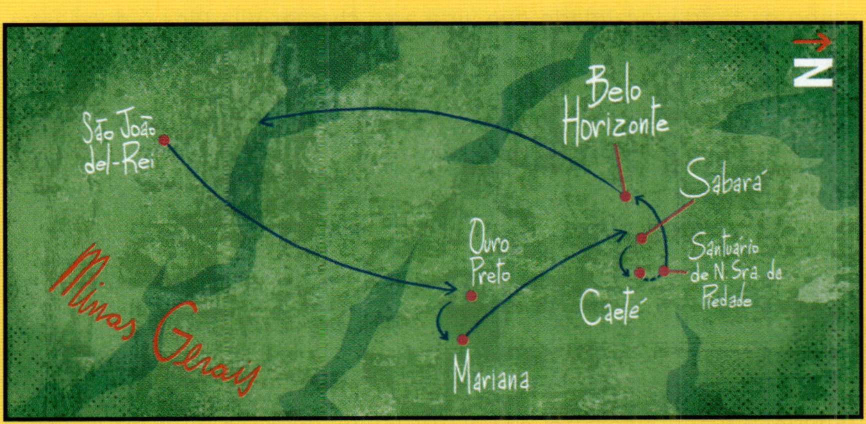

Cidades Históricas de Minas Gerais – Trajeto sugerido e distâncias

De Belo Horizonte a São João del-Rei: 186 km

De São João del-Rei a Ouro Preto: 157 km

De Ouro Preto a Mariana: 11 km

De Mariana a Sabará: 143 km

De Sabará a Caeté e Santuário de Nossa Senhora da Piedade: 25 km + 16 km

De Caeté a Belo Horizonte: 48 km

Para saber mais: <www.cidadeshistoricasdeminas.com.br>

Para outras informações: <www.institutoestradareal.com.br>

C.R.E.R. – Caminho Religioso da Estrada Real: de Padroeira a Padroeira – Minas Gerais e São Paulo

Data a ser definida

No tempo das jornadas de exploração do nosso território, um extenso atalho partia da localidade que viria a se chamar Vila Rica e descia em direção à serra da Mantiqueira. Depois de atravessar uma estreita garganta, o atalho alcançava o vale do rio Paraíba e finalmente Paraty, de onde seguia para o porto do Rio de Janeiro. Ele ficou conhecido como "Caminho Velho". Mais tarde foi aberto o Caminho Novo, também de Vila Rica ao Rio de Janeiro, logo transformado na rota oficial do escoamento dos nossos metais preciosos. Algumas décadas mais tarde, com a descoberta dos diamantes, uma nova estrada oficial, o Caminho dos Diamantes, ligaria a cidade de Vila Rica a Diamantina. Essas vias, depois reunidas sob o nome Estrada Real, tornaram-se verdadeiros eixos históricos na construção de grande parte da nossa identidade cultural.

Já definido pelo Governo de Minas Gerais, Arquidioceses e Dioceses, mas com implantação ainda não definida, o Caminho Religioso da Estrada Real: de Padroeira a Padroeira, será um Caminho de Fé oficialmente demarcado entre o Santuário de Nossa Senhora da Piedade, padroeira de Minas Gerais, e o Santuário de Nossa Senhora da Conceição Aparecida, padroeira do Brasil. O santuário mineiro está localizado em uma montanha no município de Caeté, distante 48 quilômetros de Belo Horizonte, a capital mineira. O trajeto pretendido une 86 municípios nos estados de Minas Gerais e São Paulo, em uma rota de peregrinação inspirada no Caminho de Santiago de Compostela, com seiscentos quilômetros de extensão. No estado de São Paulo, o santuário da padroeira do Brasil no Vale do Paraíba, a 180 quilômetros de São Paulo, a capital paulista, marcará o término do Caminho Religioso da Estrada Real.

Para saber mais: <www.turismo.mg.gov.br> e <www. arquidiocesebh.org.br>

Não perca...
... EM SÃO JOÃO DEL-REI

Igrejas no Centro Histórico

Ao lado de sobrados centenários existem algumas igrejas que vale a pena conhecer: a Igreja São Francisco de Assis, com música barroca aos domingos e lindas palmeiras, a Catedral Basílica de Nossa Senhora do Pilar, com lâmpadas suspensas de prata, a Igreja de Nossa Senhora do Carmo, com a pesada escultura inacabada de Cristo, e a Igreja de Nossa Senhora das Mercês, que em 1853 ganhou um estreito corredor que leva à torre lateral.

Igreja São Francisco de Assis: Praça Frei Orlando, s/n, Centro Histórico, São João del-Rei, MG | Diariamente, das 8h às 11h e das 14h às 16h

Catedral Basílica de Nossa Senhora do Pilar: Rua Getúlio Vargas, s/n, Centro Histórico, São João del-Rei, MG | Diariamente, das 6h às 11h e das 17h30 às 20h

Igreja de Nossa Senhora do Carmo: Largo do Carmo, s/n, Centro Histórico, São João del-Rei, MG | Diariamente, das 7h às 11h e das 17h às 20h

Igreja de Nossa Senhora das Mercês: Largo das Mercês, s/n, Centro Histórico, São João del-Rei, MG | Diariamente, das 7h às 11h e das 17h às 20h

Para saber mais: <www.cidadeshistoricas.art.br> e <www.saojoaodelreitransparente.com.br>

Passos da Paixão de Cristo

No período de Quaresma e Páscoa você poderá conhecer as cinco pequenas capelas de Passos da Paixão de Cristo que ainda existem na cidade, abertas somente nessa época do ano. Percorrendo a hoje reduzida Via-Sacra, os fiéis param diante das capelas, rezam e entoam cantos.

Localização: Passo "Entrada de Jerusalém": Largo do Rosário • Passo "Simão Ajuda a Carregar a Cruz": rua Getúlio Vargas • Passo "Cristo com a Cruz às Costas": Rua da Prata • "Passo do Encontro": praça Barão de Itambé • "Passo da Verônica": praça Dr. Paulo Teixeira

Para saber mais: <www.cidadeshistoricas.art.br> e <www.saojoaodelreitransparente.com.br>

Maria-fumaça – De São João del-Rei a Tiradentes

Um passeio de maria-fumaça, uma das últimas locomotivas a vapor em atividade, liga São João del-Rei a Tiradentes. Partindo de uma estação construída em 1881, o percurso é feito pela antiga Estrada de Ferro Oeste de Minas. Para percorrer os 12 quilômetros do percurso que margeia o famoso rio das Mortes, palco de disputa pelas minas de ouro, são necessários 35 minutos.

Localização: Rua Hermílio Alves, 366, Centro, São João del-Rei, MG • Tel.: (32) 3371-8485 Estação Ferroviária de São João del-Rei

Horário de funcionamento: De sexta a domingo, partida para Tiradentes às 10h e às 15h – retorno a São João del-Rei às 13h e às 17h

... EM TIRADENTES

Espetáculo de som e luz e os Sete Passos de Cristo na matriz de Santo Antônio

Se você pernoitar em Tiradentes, não deixe de assistir ao espetáculo de luz e som naquela que é considerada uma das igrejas mais ricas do país, tamanha a quantidade de ouro usado em sua construção. No espetáculo, que tem duração de 25 minutos, é narrada a história e os detalhes da matriz construída em 1710.

Durante o dia, você poderá conhecer a capela dos Sete Passos, que fica no interior da matriz. Dispostos em um pequeno espaço, os passos de Jesus a caminho da crucificação são retratados em bonitas esculturas. A capela permanece aberta apenas durante as missas.

Localização: Esquina da rua da Câmara com a rua Padre Toledo, Centro, Tiradentes, MG • Tel.: (32) 3355-1238 | (32) 8812-8512
Horário de funcionamento (som e luz): De sexta a domingo, às 20h
Horário de funcionamento (igreja): Diariamente, das 9h às 17h
Para outras informações: <tiradentes.turismo@gmail.com> • Tel.: (32) 3355-2759 Secretaria de Cultura e Turismo de Tiradentes

... EM OURO PRETO

Igrejas no Centro Histórico

Há importantes monumentos religiosos que vale a pena conhecer – a Igreja São Francisco de Assis, considerada a obra-prima de Aleijadinho; a Igreja Matriz de Nossa Senhora do Pilar, onde está instalado o Museu de Arte Sacra de Ouro Preto; e a Igreja Nossa Senhora do Carmo, que abriga o Museu do Oratório.

Igreja São Francisco de Assis: Largo de Coimbra, s/n, Centro • Tel.: (31) 3551-3282 | De terça a domingo, das 8h30 às 12h e das 13h30 às 17h
Igreja Matriz de Nossa Senhora do Pilar: Praça Monsenhor João Castilho Barbosa, 17, Pilar • Tel.: (31) 3551-1209 | De terça a domingo, das 9h às 10h45 e das 12h às 16h45

Igreja Nossa Senhora do Carmo: Rua Brigadeiro Musqueira, s/n, Centro • Tel.: (31) 3551--2601 | De terça a sábado, das 12h às 16h45 | Domingo, das 9h30 às 11h e das 13h30 às 16h45

Para saber mais: <www.ouropreto.org.br> e <www.ouropreto.mg.gov.br>

Museu de Arte Sacra de Ouro Preto

Localizado na cripta da Igreja Matriz de Nossa Senhora do Pilar, trata-se de um espaço sob a sacristia encontrado durante a última reforma da edificação. Acredita-se que nessa cripta era explorada uma mina de ouro.

Localização: Praça Monsenhor João Castilho Barbosa, 17, Pilar, Ouro Preto, MG • Tel.: (31) 3551-4736

Horário de funcionamento: De terça a domingo, das 9h às 10h45 e das 12h às 16h45

Para outras informações: <artesacraouropreto@yahoo.com.br>

Museu do Oratório

Instalado no adro da igreja Nossa Senhora do Carmo, o museu reúne mais de 150 oratórios e imagens de diversos estilos, testemunhos do universo religioso da sociedade mineira.

Localização: Rua Brigadeiro Musqueira, s/n, Centro, Ouro Preto, MG • Tel.: (31) 3551-5369

Horário de funcionamento: Diariamente, das 9h30 às 17h30

Para saber mais: <www.oratorio.com.br>

Para outras informações: <info@museudooratorio.org.br>

Museu Aleijadinho

Rica arte sacra e obras atribuídas ao artista podem ser vistas na sacristia da Igreja de Nossa Senhora da Conceição. O projeto da igreja é do pai de Aleijadinho e este é o local em que pai e filho estão sepultados.

Localização: Praça Antônio Dias, s/n, Antônio Dias, Ouro Preto, MG • Tel.: (31) 3551-4661

Horário de funcionamento: De terça a domingo, das 8h30 às 12h e das 13h30 às 17h

Para saber mais: <www.museualeijadinho.com.br>

Trem da Vale – De Ouro Preto a Mariana

De Ouro Preto você poderá ir a Mariana em um vagão panorâmico da Vale S.A. O ramal ferroviário que liga Ouro Preto a Mariana tem 18 quilômetros e passa por túneis, vales, despenhadeiros e duas estações, uma delas a histórica Passagem de Mariana que garantia o bom funcionamento da Mina da Passagem, umas das maiores e mais antigas minas de ouro de Minas Gerais.

Localização: Praça Cesário Alvim 102, Barra, Ouro Preto, MG • Tel.: (31) 3551-7705 Estação Ferroviária de Ouro Preto

Horário da bilheteria: De terça a domingo, das 9h às 17h • Tel.: (31) 3551-7310

Horário de funcionamento (Ouro Preto-Mariana): Sexta e sábado, partidas às 10h e às 14h30 | Domingo, partidas às 10h, 13h30 e 16h30

Horário de funcionamento (Mariana-Ouro Preto): Sexta e sábado, partidas às 13h e às 16h | Domingo, partidas às 11h30 e às 15h

Para saber mais: <www.trensturisticos.fcasa.com.br>

Para outras informações: <trem.da.vale@vale.com>

... EM MARIANA

Catedral Basílica de Nossa Senhora da Assunção, ou da Sé de Mariana

A Catedral da Sé guarda alguns tesouros de arte sacra, entre eles o órgão alemão construído no início do século XVIII. Para que possa ouvir o som magnífico de seus mais de mil tubos, programe a visita a Mariana para a sexta-feira ou para o domingo, dias em que há concertos com duração de 45 minutos na catedral.

Localização: Praça Cláudio Manoel, s/n, Centro Histórico, Mariana, MG • Tels.: (31) 3557-1216 | (31) 3558-2785

Horário de funcionamento: De terça a domingo, das 8h às 18h

Concertos: Sexta, às 11h30 | Domingo, às 12h15

Para saber mais: <www.orgaodase.com.br>

Para outras informações: <info@orgaodase.com.br>

Museu Arquidiocesano de Arte Sacra

Mobiliário, prataria, pinturas a óleo e esculturas dividem o espaço com vestimentas e joias que fazem parte do acervo de objetos litúrgicos. O prédio construído em 1770 era o local de reunião dos cônegos e, de acordo com historiadores, foi também uma espécie de prisão destinada a eclesiásticos.

Localização: Rua Frei Durão, 49, Centro Histórico, Mariana, MG • Tel.: (31) 3557-2581
Horário de funcionamento: De terça a sexta, das 8h30 às 12h e das 13h30 às 17h | Sábado e domingo, das 8h30 às 14h
Para saber mais: <www.revistamuseu.com.br>
Para outras informações: <museuarq@uai.com.br> e <www.mariana.org.br>

... EM CAETÉ

Santuário de Nossa Senhora da Piedade

Na ermida do santuário do século XVIII, uma imagem de Nossa Senhora da Piedade atribuída a Aleijadinho, esculpida em cedro, porta uma auréola com sete estrelas simbolizando suas sete dores. Tombado pelo Instituto do Patrimônio Histórico e Artístico Nacional (Iphan) desde 1956, o Santuário de Nossa Senhora da Piedade é o lugar ideal para a reflexão e o reencontro com Deus. Entre em contato com o santuário, pois é necessário agendar sua peregrinação até lá.

Localização: Alto da Serra da Piedade, s/n, Caeté, MG • Tel.: (31) 3651-6335
Horário de funcionamento: Diariamente, das 7h às 18h
Para outras informações: <www.santuarionsdapiedade.org.br>

Paraty: História preservada

Paraty era conhecida como uma das mais importantes cidades portuárias do século XVIII, ligação obrigatória entre Rio de Janeiro e Minas Gerais. Nossas riquezas eram embarcadas nos portos de Paraty com destino a Portugal, via Rio de Janeiro. As produções de café e cachaça do Vale do Paraíba seguiam a mesma rota.

No final do século XIX, o insucesso no plantio de café, a abolição da escravatura e, sobretudo, a construção da ferrovia Dom Pedro II, entre Rio de Janeiro e São Paulo, foram fatores determinantes para o período de isolamento e decadência que atingiu o porto de Paraty. Isolada, a cidade conseguiu preservar uma importante festa de sua história e da religiosidade cristã.

Festa do Divino Espírito Santo

A Festa do Divino Espírito Santo é realizada todos os anos cinquenta dias após a Páscoa, no dia de Pentecostes. Esse período de celebração, que tem a duração de nove dias, revive o episódio bíblico que narra o tempo de espera e as incertezas que tomaram conta dos apóstolos depois da morte de Nosso Senhor Jesus Cristo. Com o desaparecimento do Mestre, eles buscavam apoio na presença de Maria e uns nos outros, reuniam-se diariamente no Cenáculo e discutiam qual rumo dar às suas vidas.

> Quando chegou o dia de Pentecostes, eles se achavam reunidos, todos juntos. De repente, veio do céu um ruído como o de um violento vendaval, que encheu toda a casa em que eles estavam; então lhes apareceu algo como línguas de fogo, que se repartiram, pousando uma sobre cada um deles. Todos

ficaram repletos do Espírito Santo e se puseram a falar outras línguas, conforme o Espírito lhes concedia exprimirem-se. (At 2, 1-4)

Essa cena é uma metáfora, significa que o vento renova velhos conceitos, faz caminhar, enquanto o fogo destrói antigos hábitos e proporciona o renascimento de novos comportamentos. Através da força renovadora do Espírito Santo os discípulos, fortalecidos, partiram em sua missão evangelizadora, divulgando a Palavra de Deus. A descida do Espírito Santo sobre os apóstolos, nas palavras de Santo Agostinho, "fez desaparecer as trevas que envolviam sua razão, reanimou sua fraqueza, dissipou sua timidez e imprimiu em seus corações o valor e a coragem". O dia de Pentecostes tornou-se um marco no surgimento do cristianismo como instituição e o início da difusão do Evangelho.

Origens da Festa do Divino

Segundo a tradição, a Festa do Divino teria sido criada pela rainha Isabel de Aragão (1271-1336), conhecida como Rainha Santa. Seu

envolvimento no chamado "milagre das rosas" é bem conhecido pela maioria dos cristãos. Contam que a rainha Isabel, grande devota do Espírito Santo, costumava distribuir esmolas para os pobres, hábito que seu esposo, o rei dom Dinis, não aprovava. Certa vez, quando levava inúmeros pães em seu avental, deparou-se com o rei, que disse: "Que levas aí, senhora?", ao que respondeu: "Rosas, meu senhor". Então ela abriu o avental e mostrou ao rei os pães transformados em rosas. Satisfeito, o rei seguiu seu caminho.

Naquele ano de 1296, no dia de Pentecostes, o clero, a nobreza e o povo foram convidados a participar de uma festa, mas durante os ofícios litúrgicos a rainha Isabel surpreendeu a todos com uma cena inédita: o mais pobre dos mendigos presentes foi convidado a ocupar o lugar do rei, reinando por um dia. Sob o dossel da capela, o mendigo se ajoelhou sobre uma almofada real e o bispo celebrante da missa ajeitou sobre a sua cabeça uma coroa. Investido das insígnias reais, o mendigo foi conduzido ao paço real, onde lhe foi oferecida uma lauta refeição. A rainha quis demonstrar com esse gesto que acima de qualquer um dos reinos do mundo está o Reino de Deus. A cerimônia foi tão tocante que os fidalgos da corte resolveram mantê-la, seguindo o exemplo de humildade de seus soberanos. Nos anos seguintes, com autorização do rei, a festa se repetiu, e assim tem sido através dos séculos. A devoção espalhou-se pelo Império e chegou ao Brasil durante o período colonial.

Em viagem...

Incrustada entre a serra do Mar e uma baía de águas azuis, Paraty, no estado do Rio de Janeiro, é uma pequena joia colonial à beira-mar. Tombada pelo Instituto do Patrimônio Histórico e Artístico Nacional (Iphan) como Conjunto Arquitetônico e Paisagístico em 1958 e convertida em Monumento Nacional em 1966, a cidade tem preservado, desde a época colonial, seus casarões, suas igrejas e o traçado de suas ruas.

O caminhar pelo Centro Histórico deve ser cuidadoso, acomodando os pés ao calçamento de pedras originais assentadas pelos escravos, e o olhar deve ser atento às ruas de portas e janelas coloridas, às buganvílias em flor debruçadas sobre os muros dos velhos casarões. Em certos períodos a maré invade a cidade e, no espelho natural das águas, as imagens se duplicam, fornecendo a todos um belo espetáculo.

O levantamento do mastro

A Festa do Divino Espírito Santo tem início em Paraty, quando o mastro do Divino é erguido à porta da Igreja Matriz de Nossa Senhora dos Remédios, sua padroeira, no Domingo de Páscoa.

José Carlos de Oliveira Freire, o Zezito, memorialista e dono de um precioso acervo sobre fatos da cidade em que nasceu, conta que o mastro era bem maior que o atual e o trajeto era percorrido lentamente, para que os carregadores pudessem fazer os revezamentos e todos os penitentes pudessem pagar as promessas feitas. Havia também a Cavalhada, uma imitação das justas medievais. Alguns detalhes das antigas festas se perderam, mas a Festa do Divino ainda é a grande manifestação cultural e religiosa de Paraty.

"Minha primeira experiência de contato com a natureza foi em Paraty. Ao contrário de outras cidades históricas, Paraty preservou muito da sua cultura original, principalmente suas tradições religiosas. Isso aconteceu, talvez, nem tanto pela vontade das pessoas, mas por uma contingência geográfica. A cidade sofreu durante cem anos certo isolamento, e isso ajudou na preservação de sua história. Paraty tem a alma das pessoas que vivem lá. Minha mãe era agnóstica, mas tinha um profundo respeito pelas manifestações religiosas. Ela acompanhava a procissão, conhecia todo mundo, confeccionava os pombinhos, pendurava a toalha na janela de nossa casa. Eu achava a procissão emocionante."

Amir Klink, navegador

O festeiro

A Festa do Divino em Paraty tem duração de nove dias, o tempo da novena realizada antes do domingo de Pentecostes. O festeiro, uma das figuras mais importantes do evento, é escolhido no ano anterior, durante a missa de Pentecostes, e trabalha o ano todo ao lado de sua equipe angariando fundos para as despesas. Além disso, ele é o roteirista e o diretor-geral de toda a programação, dessa meneira deve conhecer as tradições folclóricas e os ritos religiosos para que a festa, a cada ano, tenha um brilho maior.

Durante esse período sua casa se transforma na sede do Império do Divino, e o altar, erguido logo à entrada, segue fielmente as tradições estabelecidas há séculos. Sobre ele são dispostas as insígnias do Divino: a coroa, símbolo da realeza de Deus, é sustentada por uma salva de prata lavrada; o cetro, depositado diagonalmente sobre a coroa, simboliza o poder de Deus; completando o conjunto, dois castiçais de três braços garantem luz eterna. Sobre o altar reina a pomba branca, o mais conhecido dos símbolos do Espírito Santo, mensageiro de Deus Pai, e a mandala de fogo representa o momento em que o Espírito Santo desceu sobre os apóstolos em Pentecostes (At 2, 3-4).

Os devotos do Divino

Cada devoto do Divino Espírito Santo tem direito a ter sua bandeira vermelha encimada pela figura da pomba branca. A cor vermelha das bandeiras, e de toda a decoração da cidade, representa o amor e a caridade que devem imperar no coração do povo de Deus. Nas fitas coloridas são inscritos pedidos e agradecimentos por graças alcançadas.

Os sete dons do Espírito Santo

O Espírito Santo, popularmente representado pela figura de uma pomba branca, é visto como a força imensurável do amor que une Deus Pai e Deus Filho, o responsável pela infusão dos dons e carismas que necessitamos para viver conforme a Palavra de Deus. Os raios de luz que circundam a pomba branca representam os sete dons do Espírito Santo:

Sabedoria – pelo dom da sabedoria buscamos não a sabedoria do mundo, mas aquela Verdade que se identifica com o Sumo Bem e que nos torna felizes, enchendo de alegria o nosso coração.

Entendimento – é o dom divino pelo qual aceitamos as verdades reveladas por Deus; mesmo não compreendendo todo o Mistério, entendemos que ali está a certeza de nossa salvação.

Conselho – é a luz que o Espírito Santo nos dá para distinguirmos o certo do errado, o verdadeiro do falso, e assim orientarmos acertadamente a nossa vida e a de quem nos pede conselho.

Fortaleza – é o dom da coragem para viver fielmente a fé no dia a dia.

Piedade – é o dom pelo qual o Espírito Santo nos dá o gosto de amar e servir ao nosso próximo com alegria.

Ciência – não é a ciência do mundo mas a ciência de Deus.

Temor a Deus – esse dom do Espírito Santo não significa medo de Deus, mas respeito e receio de ofendê-Lo ou desagradá-Lo.

Em viagem...

No ano em que visitei Paraty, o festeiro Edson José de Oliveira, o Edinho, compartilhava as atividades do cargo de festeiro com sua mãe, Inácia Augusta. Fui visitá-los ao anoitecer, perto da hora da reza que antecede a saída das bandeiras do Divino para a novena realizada na matriz, a Igreja Nossa Senhora dos Remédios.

Inácia acendeu as velas do altar ao anoitecer e preparou a casa para receber os fiéis que participariam da novena. Devota de Nossa Senhora Aparecida, ela não teve dúvida em dividir o altar do Divino com sua santa de devoção: "Nossa Senhora Aparecida e o Espírito Santo são tudo pra mim", disse ela.

Às 19 horas em ponto, após as orações, os devotos do Divino saíram da casa do festeiro em procissão pelas ruas de Paraty. A cidade silencia à passagem do Divino. Antes de chegarmos à Igreja Matriz nós nos desviamos do caminho para apanhar a bandeira peregrina, que havia passado a noite na casa de um devoto. Essa bandeira é também chamada bandeira da promessa, pois sua visita registra o pagamento de uma promessa por graça recebida.

Com o toque solene dos sinos, chegamos à Igreja Nossa Senhora dos Remédios. Havia um grande grupo à nossa espera. O cortejo é sempre composto de padres, membros da irmandade e devotos do Divino com suas bandeiras, e não existe honra maior que carregar uma bandeira do Divino. Os festeiros seguiram à frente e só então reparei que Inácia Augusta, de pés descalços, estava pagando uma promessa que fizera – a restituição da Fortaleza, da Piedade e do Temor a Deus, e também da coragem e da alegria para se ocupar do honroso cargo de festeira. Dizem que o Espírito Santo não deixa seus devotos na mão.

Sábado, véspera da Festa do Divino. Mal amanhece o dia e sou despertada pelo som urgente dos sinos e do foguetório anunciando a alvorada. Corro até a janela para "ver a banda passar"...

Folia e Foliões

O espocar de foguetes abre caminho para a passagem do grupo da Folia e do Bando Precatório. O da Folia, ainda hoje, é composto de no máximo cinco figurantes: dois violeiros, o mestre do tambor, o tocador de pandeiro e o porta-bandeira. Em suas andanças pelos arredores da cidade é frequente a Folia parar na casa de uma pessoa doente, onde a bandeira do Divino é recebida com grande reverência, quase como uma bênção. O Bando Precatório é constituído de um grupo de pessoas que sai de porta em porta, tanto no meio rural como na cidade, fazendo louvações ao Divino e solicitando contribuições para os festejos.

O ritmo vigoroso da marcha dos devotos, no andamento dos "dobrados" executados pela Folia do Divino e pela banda de música, tem origem nas marchas militares que acompanhavam os exércitos europeus durante os deslocamentos, a pé ou a cavalo.

Os Foliões lembram os menestréis medievais que, de cidade em cidade, levavam as novidades com o seu cantar. Tradições passadas de geração a geração, preservando a história. À sombra das bandeiras, e em marcha cadenciada, a procissão do Divino vai deixando um rastro de fé pelas vielas da antiga cidade.

Muitos acreditam que a comida servida na Festa do Divino esconde segredos sobrenaturais, capazes de curar doenças e realizar milagres. São inúmeros os testemunhos de pessoas que se curaram através da graça do Espírito Santo.

O almoço da rainha Isabel

Seguindo a tradição iniciada em Portugal pela rainha Isabel, uma equipe de pelo menos trinta senhoras é convocada para preparar o grande almoço comunitário na véspera do Domingo de Pentecostes. É uma festa de união para a cidade, pois nesse dia habitantes e turistas têm direito a um prato de comida.

As pessoas não participam do almoço pela comida. Elas vão até lá em busca do calor humano, do acolhimento e do carinho que a comunidade proporciona a todos – essa é a legítima perpetuação da Festa do Divino.

A coroação do Imperador do Divino

A cada ano um novo Imperador do Divino é sorteado. Seguindo a tradição da festa original, qualquer cidadão pode se candidatar, não importa sua idade ou classe social. Ele simbolizará o rei, a rainha e a Corte portuguesa, e será autenticado pela Coroa, pelo cetro e pelo cortejo das virgens vestidas de branco, que o antecedem na procissão.

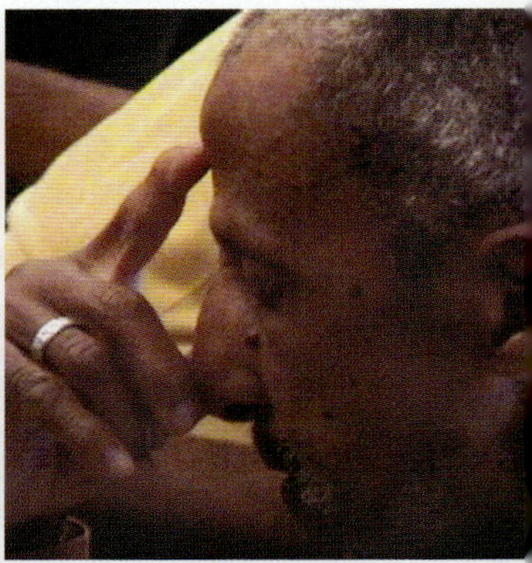

A noite do sábado, o último dia da novena, é também o dia da coroação do Imperador do Divino. A matriz, Nossa Senhora dos Remédios, resplandece com as cores vermelho e branco, e os cortejos se sucedem cruzando a nave central da igreja. Vestidos com trajes do século XVIII, à moda da Milícia de Paraty no tempo do Império, o Imperador do Divino e seus vassalos se dirigem ao lado esquerdo do altar principal, preparando-se para o momento da coroação. Como o almoço comunitário, esse ato conseguiu manter o mesmo significado ao longo dos séculos.

Dançadores de moçambique

Um dos pontos altos da Festa do Divino acontece ao anoitecer, defronte à Igreja Nossa Senhora dos Remédios, local em que o Grupo de Cunha, sob a batuta de Mestre Zé Bideco, apresenta sua dança folclórica, a moçambique.

Os grupos de moçambique, importantes elementos da cultura brasileira, ainda mantêm elementos de tradição religiosa e musical, louvando sobretudo ao glorioso são Benedito e à Nossa Senhora do Rosário, as grandes devoções dos negros escravos. Com forte apelo rítmico, usando bastões e guizos amarrados aos tornozelos, conhecidos como paiás, os integrantes dos grupos de moçambique se alinham como um batalhão – alusão às batalhas entre os exércitos cristãos e mouros na época das Cruzadas.

O Grupo de Cunha é composto de percussionistas, sanfoneiros e dançadores. Suas cantorias exaltam os santos populares e o cotidiano dos homens típicos da zona rural, pedem proteção nas colheitas e bênçãos para as famílias e para os amigos. São eles os responsáveis pelo encerramento da grande festa em honra do Divino Espírito Santo em Paraty.

Não perca...
... EM PARATY

Igrejas do Centro Histórico

Quatro igrejas formam o núcleo religioso do Centro Histórico, cada qual frequentada por um segmento da população. Início do povoado de Paraty no século XVII, como uma capela de pedra e cal, a Igreja Matriz de Nossa Senhora dos Remédios é dedicada à padroeira da cidade e aos senhores; a Igreja de Santa Rita foi construída no século XVIII pelos homens pardos libertos e é ela que abriga o Museu de Arte Sacra; a Igreja de Nossa Senhora do Rosário e São Benedito, do século XVIII, foi erguida pelas duas irmandades de homens pretos; de frente para o mar, a Igreja de Nossa Senhora das Dores foi construída por mulheres da aristocracia em 1800, tem um cata-vento na torre e é também chamada de Capelinha.

Igreja Matriz de Nossa Senhora dos Remédios: Praça Monsenhor Hélio Pires (Praça da Matriz), s/n, Centro Histórico, Paraty, RJ • Tel.: (24) 3371-1467 | Das 8h às 12h e das 14h às 17h, exceto terça e quinta.
Igreja de Santa Rita: Largo de Santa Rita, próximo ao cais, Centro Histórico, Paraty, RJ • Tel.: (24) 3371-2289 | De quarta a domingo, das 10h às 12h e das 14h às 17h
Igreja de Nossa Senhora do Rosário e São Benedito: Rua do Comércio, em frente à rua Samuel Costa, Centro Histórico, Paraty, RJ • Tel.: (24) 3371-2946 | Diariamente, das 13h às 17h
Igreja de Nossa Senhora das Dores (Capelinha): Esquina da rua Fresca com o beco da Capela, Centro Histórico, Paraty, RJ • Tel.: (24) 3371-1467 | Quinta, das 8h às 12h e das 14h às 17h
Para saber mais: <www.paraty.com.br> e <www.paratyvirtual.com.br>

Passos da Paixão de Cristo

Os seis Passos da Paixão de Cristo localizados no Centro Histórico de Paraty pertenciam à Irmandade do Senhor dos Passos, dissolvida há muitos anos, e representam momentos anteriores à sua crucificação. Abertos durante a Semana Santa, as procissões param para orações em frente a cada um deles. Os Passos localizados na rua do Comércio (Passos 1, 2 e 3) e na lateral da Igreja de Santa Rita (Passo 4) são originais, os demais foram reconstruídos.

Localização: Passo 1 "Horto das Oliveiras": Rua do Comércio • Passo 2 "Prisão": rua do Comércio • Passo 3 "Flagelação": rua do Comércio • Passo 4 "Coroação de Espinhos": Igreja de Santa Rita • Passo 5 "Pretório": rua Dona Geralda • Passo 6 "Cruz às costas": rua Dona Geralda.

Para saber mais: <www.paraty.com.br>

Museu de Arte Sacra

Instalado na Igreja de Santa Rita, o museu abriga diversificado acervo recolhido em várias das igrejas de Paraty. Objetos e utilitários de prata e ouro, imagens de madeira e terracota, mobiliário e artefatos sacros. Da liturgia católica o museu expõe cálices, sinetas, joias e outras peças e utensílios.

Localização: Largo de Santa Rita, próximo ao cais, Centro Histórico, Paraty, RJ • Tel.: (24) 3371-2289

Horário de funcionamento: De segunda a sexta, das 9h às 12h e das 13h às 17h

Para saber mais: <www.paraty.com.br> e <www.paratyvirtual.com.br>

Aparições de Nossa Senhora

Faz mais de 1.700 anos que os católicos se valem da intercessão da Virgem Maria para se aproximar de Deus. Mas pouco se sabe sobre aquela que é considerada a mãe de todos – Nossa Senhora. A bíblia refere-se a ela pouco mais de uma dezena de vezes e não diz onde ela nasceu, onde se criou e onde morreu. Mesmo assim ela se tornou uma figura tão importante que a hierarquia da Igreja Católica definiu que ela deu à luz a Jesus ainda virgem e subiu aos céus em corpo e alma. Para os protestantes ela não é santa, é apenas a mãe de Jesus. Para os católicos Maria sempre significou proteção, amor de mãe.

É preciso lembrar que Nossa Senhora é uma só, ainda que haja mais de 120 invocações, e também os lugares de suas aparições e os países em que é considerada padroeira. Em que época do cristianismo teria começado essa devoção? Para o monsenhor Angelo Comastri, "a devoção a Maria começou com o próprio cristianismo".

No momento em que o arcanjo Gabriel apareceu e disse a Maria "Salve, ó cheia de graça, o Senhor está contigo" (Lc 1, 28) teve início a devoção mariana. E quando Maria encontrou sua prima Isabel, que sem saber de sua gravidez se dirigiu a ela com a saudação "Bendita sois entre as mulheres, bendito é o fruto de vosso ventre" (Lc 1, 42), temos a segunda expressão de devoção mariana. A Igreja Católica credita a essas palavras o início da devoção a Maria, por seu particular vínculo com Jesus Cristo – o vínculo da maternidade.

O texto da Anunciação conforme relatado nos Evangelhos, serviu de base para a criação da oração da Ave-Maria, que se inicia com a saudação feita pelo arcanjo Gabriel à Maria: "Ave-Maria, cheia de graça! O Senhor é convosco!".

Em todas as épocas, inúmeras gerações de homens e mulheres têm posto em Maria sua esperança, sua plena confiança, entretanto nunca se soube que em vida ela tivesse protagonizado algum milagre. No entanto, nos momentos em que a humanidade necessita de um caminho a seguir ela se faz presente em pessoa.

Para a Igreja Católica, a Virgem Maria teria feito várias aparições entre nós, e os lugares santificados com sua presença marcaram a geografia e a história da humanidade. Durante o século XX foram registradas cerca de quatrocentas aparições marianas – ou pretensas aparições –, duzentas das quais entre 1944 e 1993. Grande parte delas é acompanhada de signos e prodígios extraordinários, uma espécie de "assinatura" que autentica os acontecimentos.

Guadalupe, México, 1531

Pouco depois do desembarque dos espanhóis na América, em meio ao período traumático da colonização dos indígenas na chamada Nova Espanha, a Igreja Católica assinalou a primeira aparição de Maria nesse continente.

No dia 9 de dezembro de 1531, em Tepeyac, perto da atual Cidade do México, Nossa Senhora teria aparecido ao nobre índio Cuauhtlatoatzin – que havia sido batizado com o nome cristão de Juan Diego – e pediu-lhe que dissesse ao bispo da cidade para construir uma igreja em sua homenagem. Juan Diego transmitiu o pedido da Virgem, e o bispo exigiu uma prova de que efetivamente ela aparecera a ele. Para que o índio dispusesse dessa prova, Nossa Senhora fez com que crescessem em uma região árida, próxima à cidade de Guadalupe, as famosas rosas de Toledo, as mais belas de toda a Espanha. Juan Diego colheu as rosas, arrumou-as em um cesto e cobriu-as com seu manto. Voltou à presença do bispo e, além das rosas frescas, que não poderiam ser encontradas no inverno, os presentes se deslumbraram com a imagem de Nossa Senhora estampada no manto do índio. Essa história simples e ingênua ficou conhecida como a aparição de Nossa Senhora mais bem comprovada pela ciência.

Com o passar dos anos, começaram a surgir interrogações sobre a durabilidade impressionante do manto e a vivacidade de suas cores. Sem proteção especial, o manto de Juan Diego, feito de tecido grosseiro, deveria ter se desfeito com o tempo. Em 1936, o bispo da Cidade do México pediu ao doutor Richard Kuhn, Prêmio Nobel de Química, que analisasse algumas fibras do manto para descobrir qual o material utilizado na pintura. Para surpresa de muitos, o cientista constatou que as tintas não tinham origem vegetal, nem mineral, nem animal, nenhum dos elementos químicos conhecidos na época.

Em 1979 o professor Phillip Serna Callahan, biofísico da Universidade da Flórida, e especialistas da Nasa analisaram a imagem, e os resultados indicaram que não havia sinais de impressão no tecido – mais de quarenta interferências em infravermelho tentaram provar a qualidade da pintura. Nada. Para complicar os fatos, constataram que a imagem não está colada ao manto, mas se encontra a três décimos de milímetro dele.

Os mistérios não terminam por aí. Estudos oftalmológicos realizados nos olhos de Maria detectaram que eles são como os olhos humanos, reagem à luz – a retina se contrai e, sem luz, volta a se dilatar. Descobriu-se também que os olhos possuem os três efeitos de refração de imagem que o olho humano possui. Conseguir esses efeitos com pincel seria impossível, mesmo com as técnicas mais modernas.

O manto tocado pelo milagre tem hoje 475 anos, e a Basílica de Guadalupe, que o abriga, é o segundo templo cristão mais visitado no mundo depois da Basílica de São Pedro, em Roma. Milhões de peregrinos se deslocam de todas as partes do mundo em busca da intercessão de Maria ou em agradecimento à sua miraculosa intercessão.

Como se dá essa intercessão? Padres mariologistas, escritores devotados ao estudo da vida de Maria, observaram que durante os festejos das bodas, em Caná, ela nos oferece de forma singela essa explicação. O Evangelho conta que nas bodas de Caná faltou vinho (Jo 2, 3), algo nada raro em uma festa de casamento entre judeus, tempo alegre de compartilhamento entre familiares e amigos. Percebendo a falha, Maria dirigiu-se a Jesus e lhe disse: "Eles já não têm vinho". Comentaristas da Bíblia discutem se Maria quis pedir um milagre ou se ela se limitou a informar um fato, sublinhando que faltava vinho.

De qualquer modo, quem fala é a mãe confiando que seu Filho solucionaria a dificuldade. É sob esse parâmetro, de absoluta discrição e confiança, que os devotos devem pensar em uma eventual intercessão de Maria junto a Jesus.

Lourdes, França, 1858

Em viagem...

Na década de 1990 visitei a cidade de Lourdes, na França – situada às margens do rio Gave, na região dos Pireneus, próxima à fronteira da Espanha. A cidade tornou-se conhecida a partir de 1858, ano em que a jovem Bernardette teve a primeira visão da Virgem Maria. O milagre teria ocorrido na gruta de Massabièle, uma das muitas grutas naturais da região. Lourdes é um refúgio de peregrinos. As palavras que mais escutei enquanto lá estive foram amor, caridade e solidariedade.

A história de Bernardette Sousbirous tornou-se conhecida em todo o mundo. Nossa Senhora pediu a Bernardette que escavasse o solo com as próprias mãos, pois ali se formaria uma nascente de águas límpidas. A água do manancial de Massabièle não deve ser considerada "mágica", pois todas as análises a que foi submetida concluem que é a água potável comum das regiões montanhosas, mas peregrinos de todas as partes do mundo têm alcançado curas milagrosas e o local é considerado sagrado.

Todos os anos, cerca de 100 mil pessoas doentes ou com algum tipo de invalidez vão a Lourdes. Junto ao desejo de cura, elas levam na bagagem a esperança e a oportunidade de viver um tempo de comunhão fraterna e de oração; e um dos momentos mais comoventes do dia é a bênção aos doentes. Seguindo uma longa tradição, a procissão é acompanhada por alguns dos 15 mil médicos inscritos na Associação Médica Internacional de Lourdes, com sede na própria cidade. Eles estão prontos a identificar, à luz da ciência, qualquer eventual milagre.

Ao todo, até hoje, foram reconhecidos 69 casos de cura em Lourdes – o último foi em julho de 2013 –, e a Igreja Católica é extremamente rigorosa na apreciação desses milagres.

Em 26 de abril de 1879, aos 35 anos de idade, Bernardette Sousbirous morreu no convento de Saint-Gildard, na cidade francesa de Nevers. Seu corpo foi resgatado intacto em 1909 e repousa em um relicário de cristal. Ela só foi proclamada santa em 1933.

À noite, a cidade de Lourdes vive seu grande momento. Assim como Bernardette vinha ao encontro de Nossa Senhora com uma vela acesa, milhões de peregrinos repetem todas as noites o mesmo gesto recordando a palavra de Cristo: "Eu sou a Luz do mundo, quem me segue não andará nas trevas, terá a Luz da Vida" (Jo 8, 12).

Fátima, Portugal, 1917

Em viagem...

Uma vez mais eu visitava Fátima para realizar uma reportagem sobre o poder da fé para o programa *SBT Repórter*. Fátima fica no coração de Portugal, a pouco mais de cem quilômetros de Lisboa. Na pequena paróquia da diocese de Leiria, centenas de peregrinos silenciosos vencem de joelhos todos os dias, em um misto de coragem e fé, os duzentos metros do caminho de pedra que conduz à pequena capela erguida para assinalar o local da primeira aparição de Nossa Senhora em Fátima. De hora em hora, missas são rezadas em vários idiomas na capelinha da Aparição – mais de 4 milhões de peregrinos visitam Fátima todos os anos.

No dia 13 de maio de 1917, três pequenos pastores – Lúcia, Jacinta e Francisco – viram uma luz brilhante que tinha ao centro uma linda senhora com um rosário nas mãos. Eles estavam diante da aparição da Virgem Maria.

Na aldeia de Aljustrel, onde moravam os pastores, o irmão de Francisco e de Jacinta podia rememorar aquela ocasião. João Marto, falecido em abril de 2000, contava que os irmãos chegaram em casa dizendo que tinham visto um clarão com a imagem da Virgem, e que ela lhes teria confiado uma revelação dividida em três partes.

A primeira parte seria a terrível descrição do inferno, representada pela Primeira Guerra Mundial. A segunda, a conversão da Rússia ao cristianismo, como redenção da humanidade. A terceira tornou-se um dos mais bem guardados segredos da Igreja Católica.

Francisco e Jacinta morreram pouco depois da aparição e estão enterrados, lado a lado, na basílica do Santuário de Fátima. Lúcia, a terceira pastora do grupo, depois disso partiu para a cidade do Porto e foi acolhida pelas irmãs doroteias. Dali foi para a Espanha, tornando-se religiosa na Congregação de Santa Doroteia. No início de 1948 recebeu autorização do Vaticano para fazer parte da Ordem das Carmelitas Descalças, um antigo desejo. Voltou a morar em Portugal, dessa vez em Coimbra, escolhendo por casa o Carmelo de Santa Teresa. Nesse convento viveu em clausura, apenas voltando a Fátima para atender aos pedidos dos papas Paulo VI e João Paulo II.

Lúcia morreu em 13 de fevereiro de 2005, aos 97 anos de idade. Com sua morte, permanece insondável o terceiro segredo de Fátima, que teria sido revelado apenas ao papa João Paulo II. Diz-se que a revelação da Virgem Maria anunciava o atentado sofrido por ele no dia 13 de maio de 1981 durante a audiência pública semanal na praça de São Pedro, no Vaticano.

A história da aparição em Portugal corre o mundo e faz de Fátima um dos três maiores centros de peregrinação mariana.

Hoje, passados quase cem anos da aparição da Virgem, os três pequenos pastores persistem como pilares históricos da devoção a Nossa Senhora de Fátima.

Devoção à Nossa Senhora em Portugal e no Brasil

A devoção à Virgem Maria esteve presente em Portugal desde o século XII, época em que dom Afonso Henriques, fundador do reino e primeiro rei de Portugal, entregou seu país à proteção de Nossa Senhora. Todas as conquistas do rei fundador começaram sob os auspícios de Maria e foi também sob a proteção da Virgem que as naus portuguesas partiram para suas conquistas na época das Grandes Navegações.

O milagre ocorrido no atual município de Nazaré, em favor de dom Fuas Roupinho, deu início à história do forte sentimento filial de milhões de católicos em Portugal. Conta a lenda que em uma manhã do ano de 1182 dom Fuas Roupinho, alcaide do castelo de Porto de Mós, caçava em suas terras junto ao litoral. Perseguindo um animal, dom Fuas não percebeu que por trás dos rochedos se ocultava o mar impetuoso. De repente, um forte nevoeiro subiu do mar e o cavaleiro isolou-se dos seus companheiros, e às cegas avançou, quase até se precipitar no abismo. Percebeu então que estava próximo a uma gruta em que se encontrava uma imagem da Virgem Nossa Senhora.

Naquele instante de aflição, cheio de fé, o fidalgo pediu a ela que lhe valesse. Então o cavalo estancou e, com as patas dianteiras levantadas, já fora do precipício, conseguiu se equilibrar. Passado o susto, dom Fuas Roupinho foi até a gruta para agradecer o milagre e providenciou para que ali fosse construída uma pequena capela – a Capela da Memória – para abrigar a imagem milagrosa. Segundo a tradição, dom Fuas permaneceu no local do milagre até que a obra da capela estivesse concluída e encontrou, durante as escavações, um cofre de marfim contendo um pergaminho que relatava a história daquela pequena imagem esculpida em madeira, que remetia ao início do cristianismo.

A santa protetora das águas

Nossa Senhora de Nazaré, como é chamada em Portugal, passou a ter um lugar especial em seus corações, protegendo-os quando o mar bravio punha em perigo suas vidas e suas embarcações, e até hoje é feita a tradicional "Bênção do Mar" na festa em sua homenagem. Muitos eram os peregrinos que passaram a ir até a pequena capela, que já não comportava tantos fiéis – decidiu-se então pela construção do Santuário de Nossa Senhora da Nazaré para dar nova morada à imagem da Virgem. O apogeu dessa devoção em Portugal aconteceu no século XVII, época em que o santuário foi considerado pelos peregrinos um lugar milagroso.

Embora Nazaré receba muitos fiéis nas celebrações em louvor à Virgem, com o tempo, e especialmente no século XX, as peregrinações ao Santuário de Nossa Senhora da Nazaré diminuíram bastante, sobretudo com a criação do Santuário de Nossa Senhora de Fátima a alguns quilômetros de distância. Com o desenvolvimento do turismo religioso nota-se maior movimento – muitos são os que gostam de visitar a Senhora da Nazaré e espiar, debruçados no mirante, a marca que a pata do cavalo de dom Fuas Roupinho deixou nas rochas.

Os círios, grandes velas de cera, desde o início já apresentavam um caráter de espetáculo às celebrações organizadas por corporações religiosas que, em setembro, durante a festa anual da santa, dirigiam-se à vila de Nazaré. Na ocasião do desfile dos círios o povo se juntava para apreciar sua passagem, em meio ao repique dos sinos e do foguetório. Foi essa festa de fé, mesclada de luzes e aparatos grandiosos, que dom Francisco de Sousa Coutinho, governador da capitania do Grão-Pará, importou de Portugal em 1793.

Em viagem...

Meu relógio marcava quase uma hora da manhã quando nosso avião pousou em Belém do Pará, cidade que viveu sua época de ouro entre 1890 e 1920, durante o chamado Ciclo da Borracha. Dona de imensos seringais, a região amazônica tornou-se fonte principal da extração de látex, atraindo empreendedores de todo o Brasil e da Europa. Usos e costumes sofreram grandes alterações, mas nem mesmo nesse período houve mudança na devoção a Nossa Senhora de Nazaré – hoje padroeira de todos os paraenses –, que continuou sendo louvada anualmente com o Círio de Nazaré.

Participando das celebrações que unem as mais diversas classes sociais, senti que a padroeira infunde enorme esperança em todos. O Círio de Nazaré atrai devotos vindos de todas as partes do Brasil e mesmo do mundo – atualmente já são mais de 2,5 milhões de pessoas. Nesse período a cidade parece se transformar em uma grande onda de fé que a cada ano renova o mito da Virgem de Nazaré, louvada há mais de trezentos anos: durante 15 dias a festa do Círio de Nazaré se desdobra em vários capítulos-acontecimentos, sagrados e profanos: missas, novenas, parque de diversões, barracas de comidas e bebidas. Um contraste perturbador, vibrante, repleto de emoções.

Nossa Senhora de Nazaré

Há mais de três séculos os paraenses alimentam uma história de fé que teve sua origem em Vigia, cidade situada a noventa quilômetros de Belém. Lá foram encontrados os primeiros registros da devoção a Nossa Senhora de Nazaré, trazida de Portugal pelos jesuítas.

Certa manhã, após uma caçada, um caboclo chamado Plácido José de Souza resolveu se refrescar nas águas de um igarapé próximo ao sítio em que morava, uma região ainda habitada pelos jesuítas e pelos índios tupinambá. Qual não foi sua surpresa quando encontrou entre as pedras cobertas de lodo uma imagem de Nossa Senhora. Surpreso com o achado, Plácido a levou para sua casa e lá construiu um pequeno altar.

Para espanto seu, no dia seguinte a imagem tinha desaparecido. O caboclo voltou ao igarapé e a encontrou novamente entre as pedras. Esse fato se repetiu várias vezes, e a notícia se espalhou, atraindo muitas pessoas à sua casa de Plácido.

Para evitar aglomerações, o governador da capitania mandou buscar a imagem, pondo-a sob guarda no palácio do governo. No dia seguinte não a encontraram novamente – ela voltara ao local onde fora achada. Com essas "fugas" Nossa Senhora de Nazaré parecia mostrar que aquele era o local em que queria permanecer. Plácido ergueu então uma ermida no local indicado pela santa e milagres começaram a acontecer, transformando a pequena capela em centro de peregrinação.

Tradição secular

Em 1792 a Igreja Católica autorizou que se realizasse uma celebração em homenagem a ela, seguindo os rituais litúrgicos, e ao amanhecer do dia 8 de setembro de 1793 a população de Belém se preparava para realizar o primeiro Círio de Nazaré. À frente da procissão caminhava a tropa da cidade, seguida pela cavalaria e pela infantaria; carruagens transportavam as damas. Como ainda hoje, o palanquim servia de abrigo à santa e a luminosidade dos círios refletia a fé nos rostos dos romeiros.

Em Belém é raro o dia em que não chove à tarde. Segundo a tradição, a chuva é tão pontual que as pessoas marcam seus encontros para antes ou para depois dela. Esse fato pode ter influenciado a mudança de horário do cortejo do Círio de Nazaré, que desde a sua instituição era realizado à tarde, prolongando-se até a noite. Esse costume mudou em 1853, depois que a procissão foi atingida por uma chuva violenta e os devotos, às pressas, tiveram de abrigar a imagem da santa na ermida.

Para evitar novos transtornos, a procissão passou a ser realizada pela manhã, quando raramente chove em Belém. Mas em 1885 outra forte chuva transformou parte do caminho da procissão em um verdadeiro lamaçal. O carro que levava a imagem atolou e não conseguia passar, até que alguém teve a ideia de desatrelar os bois passando uma corda que, puxada pela força dos fiéis, acabou se incorporando à procissão.

Círio de Nazaré – Belém, Pará

Procissão no segundo domingo de outubro

Por muitos anos as procissões anuais em Belém foram organizadas pelo governador da capitania: o cortejo saía da capela do palácio do governo e não havia data fixa para sua realização, que poderia ocorrer em setembro, outubro ou novembro. A partir de 1882 as procissões passaram a sair da catedral, e em 1901 foi fixada uma data para a celebração do Círio de Nazaré – o segundo domingo do mês de outubro –, que permanece até hoje. Assim como em Portugal, a imagem original não acompanha mais as procissões. A Nossa Senhora de Nazaré encontrada pelo caboclo Plácido permanece no interior da basílica desde 1969, ano em que foi substituída pela imagem peregrina que sai às ruas. Nessa imagem traços amazônicos, mesclando características indígenas e caboclas, foram acrescentados às figuras de mãe e filho.

Os preparativos

Organizar a festa do Círio de Nazaré, em Belém, não é nada fácil. A escolha do tema é feita com quase um ano de antecedência, e a organização das 11 romarias oficiais, que se realizam durante os 15 dias da festa, ficam a cargo da diretoria, organizada em oito divisões. Cada uma delas é responsável por um momento da festa.

Os trinta dias que antecedem a festa são chamados Peregrinações de Nossa Senhora, quando mais de 2 mil imagens de Nossa Senhora visitam os moradores de Belém, em peregrinação. Entre os simbolismos dessa visita está o reviver da visita que Maria fez à sua prima Isabel, despertando o sentido da oração comunitária e a solidariedade entre as pessoas. Atualmente as peregrinações atingem mais de 50 mil casas, formando uma fantástica cadeia de orações, o que contribui para que a festa do Círio de Nazaré se torne mais piedosa e espiritualmente rica.

A grande festa

Maior fenômeno cultural e religioso da região Norte, o Círio de Nazaré reúne milhões de pessoas que saem às ruas de Belém para acompanhar e viver esse momento único da vida paraense. A festa é composta de momentos bem definidos e importantes, sempre envoltos no forte sentimento que arrebata a multidão de peregrinos e devotos em mágica atmosfera de fé, incrivelmente renovada a cada ano.

O manto da Virgem é um dos símbolos do Círio de Nazaré – essa peça tem conotação mística e a coordenação da festa costuma manter segredo sobre o manto que cobrirá a imagem de Nossa Senhora de Nazaré até o início das comemorações. Até 1992, o manto era confeccionado, anualmente, pela Congregação das Filhas de Sant'Ana. Dessa data em diante muitos católicos, estilistas entre eles, se encarregaram do novo manto a ser apresentado a cada festa.

A romaria rodoviária começa pontualmente às 11 horas na manhã de sábado, véspera da procissão. Nesse momento, o conjunto de sinos mais antigo do Brasil começa a tocar, anunciando que a imagem peregrina da Virgem de Nazaré, a imagem que sai às ruas, escoltada por centenas de policiais militares, deixará o templo em direção ao município de Ananindeua, a 55 quilômetros de Belém.

Essa comunidade beira-rio é o ponto inicial da romaria fluvial, o segundo tempo da festa. Não se pode conceber a devoção à Nossa Senhora de Nazaré sem vinculá-la ao rio, à navegação, aos marinheiros e aos pescadores. Afinal, essa é a origem do culto. O povo lota a pequena igreja em que Nossa Senhora de Nazaré passará a noite em vigília. Após a missa na Igreja Matriz de Ananindeua, a imagem é carregada com reverência ao longo do trapiche de Icoaraci, ponto de embarque e desembarque fluvial, e, sob o estampido de fogos e vivas da multidão, a Senhora de Nazaré é posta em um pequeno navio que a levará de volta a Belém. Enfeitadas com flores,

"Nossa senhora de Nazaré é mais que uma santa. Ela é nossa amiga nossa irmã. O Círio de Nazaré é uma festa onde todas as religiões se encontram. É uma festa ecumênica, um exercício de fé, uma alegria por estarmos ao lado de Nossa Senhora de Nazaré."

Fafá de Belém

fitas e balões, centenas de embarcações seguem pela baía de Guajará, acompanhando o navio que transporta a imagem.

Criada em 1986, a primeira romaria fluvial foi acompanhada por trinta embarcações; hoje esse número aumentou para mais de quatrocentas – entre elas,lanchas, catamarãs, traineiras, veleiros. Nossa Senhora é saudada o tempo todo por buzinas e lenços brancos ao vento, enquanto as embarcações tentam abrir caminho para segui-la bem de perto.

A trasladação é um dos pontos altos da festa. Realizada na noite de sábado, a partir das 18 horas, leva a imagem peregrina do colégio Gentil Bittencourt à Catedral de Belém, de onde sai a grande procissão no domingo. Essa romaria noturna reúne mais de 1,5 milhão de fiéis que se aglomeram nas ruas para ver a passagem da berlinda da Senhora de Nazaré. Milhares de mãos, palmas voltadas para a Virgem, buscam captar a energia de amor que ela parece emanar. Muitos dos devotos carregam círios, o que torna a trasladação um momento de muita espiritualidade.

Usada na Europa para carregar imagens de santos em procissão, a berlinda só foi introduzida no Círio de Nazaré em 1855. Antes disso a imagem de Nossa Senhora era conduzida no colo do bispo, em cima de um carro de boi, ladeado por duas crianças vestidas de anjo. Elas levavam grandes velas acesas em suas mãos. A primeira berlinda veio de Portugal e foi especialmente criada para o Círio de Belém. Tinha estrutura de pinho-de-riga, cristais laterais, anjos barrocos e uma coroa. Em 1999 a diretoria da festa introduziu uma berlinda de linhas modernas, feita de ferro e cristal. O povo não a aceitou e exigiu a volta da berlinda antiga. O escultor paraense João Pinho projetou então a berlinda que é usada até hoje.

Conduzida pelos devotos, a corda significa um rosário que une sofrimento, fé, devoção, amor e crença na Virgem de Nazaré. A corda deve preservar e resguardar o objeto sagrado. Como penitência, ela é um espetáculo impressionante – corpos molhados de suor, colados uns aos outros, pés descalços, o cansaço e a sede estampados em seus rostos. O caminhar na corda cria uma coreografia primitiva, semelhante à das danças indígenas, com passos curtos, ondulados e em ritmo cadenciado.

De 1926 a 1931 a corda foi retirada da procissão por ordem do então bispo dom Irineu Joffly, causando revolta na população. Os penitentes exigiram a volta da corda: "Procissão sem corda não é Círio". Depois de negociações entre a Igreja Católica e o estado do Pará, ela voltou com as mesmas características. Nos últimos anos a corda mudou várias vezes de formato, estrutura e extensão, para aliviar o sofrimento de quem "vai na corda" e controlar o ritmo da romaria. Cada metro de corda comporta 12 pessoas agarradas a ela, e esse número pode chegar a 17 fiéis.

Transformada em um dos principais símbolos do Círio de Nazaré, é na corda que homens e mulheres se unem, como em um terço gigantesco, para agradecer à Virgem pelas graças alcançadas. Ao longo de quilômetros eles traduzem a dimensão do sacrifício de suas promessas. Os pés descalços significam despojamento e humildade, simbolicamente neutralizam as diferenças sociais. Além dos voluntários que servem água e abanam os promesseiros durante todo o trajeto, muitos são padioleiros – ficam prontos para socorrer aqueles que passam mal. Em muitos momentos os devotos erguem a corda entoando "Vai! Vai! Vai!". Um brado coletivo de encorajamento que termina sempre com um "Viva Nossa Senhora de Nazaré!".

A procissão

No segundo domingo de outubro a grande procissão inicia o seu deslocamento às sete da manhã, logo após a celebração da missa na Sé. Em fila desde a madrugada, a multidão aguarda conseguir um lugar na corda próximo à berlinda que conduzirá a pequena imagem de Nossa Senhora de Nazaré. Dizem que o povo brasileiro é guiado pela fé, e o Círio é uma prova disso.

Os carros são também objetos simbólicos do Círio de Nazaré e estão presentes durante a procissão: o dos milagres, o dos anjos, o das promessas. Eles desfilam contando a história da devoção à Virgem e recolhem pedidos, agradecimentos e ex-votos – nesse momento peças de cera são ofertadas à Mãe de Nazaré. Alguns preferem exibir sobre as cabeças o objeto da graça alcançada – a casa própria, as chaves do carro, o barco novo.

Em meio à multidão, a mulher de joelhos expressa seu ritual de sacrifício. O coral entoa cânticos de fé. Queima de fogos e chuva de papel picado também fazem parte da celebração. A berlinda encerra a figura da Virgem e seus segredos. Cada coração murmura sua prece. "Estou vivo, com certeza, por intercessão da Senhora de Nazaré, que guiou as mãos do médico que extraiu um tumor de meu cérebro", declara Cláudio Corrêa, 64 anos. "Nossa Senhora não falha no seu carinho de mãe. Tenho certeza de que minha filha ficou curada graças a ela", declara outra devota que, depois da cura da filha, acompanha a procissão há oito anos.

A procissão conduz sua padroeira, por quase cinco horas de peregrinação, pelo mesmo caminho feito há tantos anos – da Catedral de Belém até a Basílica de Nazaré. Em seguida as famílias se dirigem para suas casas, para o festivo almoço preparado para essa data.

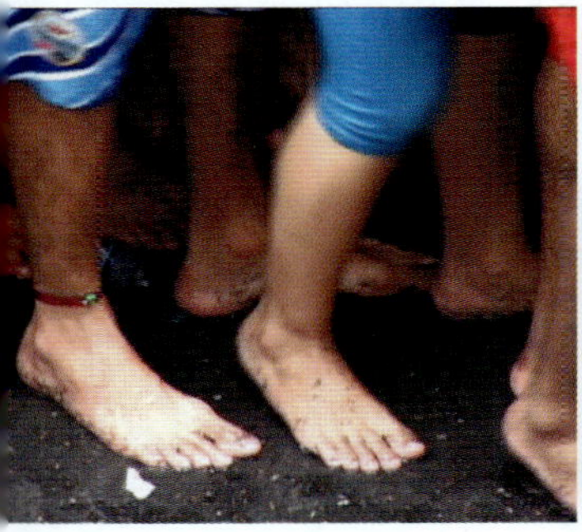

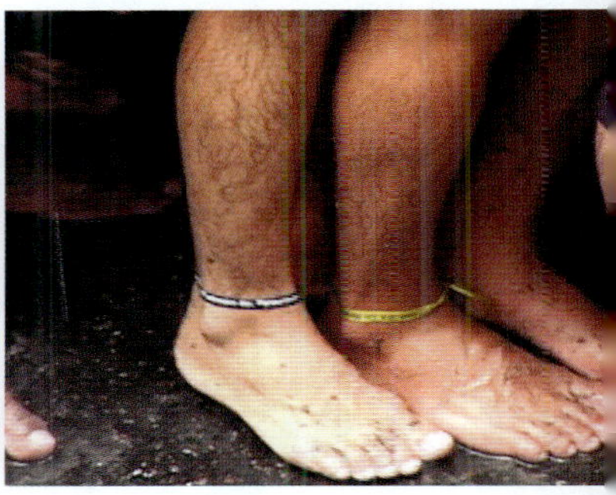

Brasil negro

Muitos desconhecem que desde 1470 os portugueses já comercializavam escravos no golfo de Benim e no delta do rio Níger, portanto tinham experiência em trabalhar com mão de obra escrava vinda da África. Após a descoberta das Américas, o tráfico negreiro tomou maiores proporções. Novas rotas foram criadas e Salvador, primeira capital do Brasil, foi seu principal destino.

É muito difícil encontrar informações precisas, pois os negros que foram trazidos pertenciam a diversas regiões, diferentes etnias e falavam línguas distintas. Sabe-se, no entanto, que dentre os escravos que desembarcaram no Brasil dois grupos se destacaram: os sudaneses e os bantos.

Os sudaneses vieram de territórios hoje denominados Benin, Nigéria e Togo. Essas populações se estabeleceram principalmente nas regiões açucareiras da Bahia e de Pernambuco. Os bantos vieram de localidades onde estão hoje Congo, Angola e Moçambique. Esse grupo, mais numeroso que o anterior, foi o que exerceu maior influência sobre a cultura brasileira, deixando profundas marcas na música, na língua e na culinária.

Roma Negra: São Salvador da Bahia de Todos os Santos

A cidade do São Salvador da Bahia, primeira capital do Brasil, se estende ao longo da baía de Todos os Santos, banhada pelas águas do oceano Atlântico. Fundada em 1549 por Tomé de Sousa, o primeiro governador-geral da colônia, a cidade foi concebida para representar a sede do Império português no Novo Mundo e sua construção foi projetada como uma réplica de Lisboa e do Porto, as duas maiores cidades de Portugal. Durante mais de duzentos anos Salvador foi o maior entreposto comercial do hemisfério sul, parada obrigatória na rota das grandes navegações entre Europa, África e Índias Orientais.

Nesse lugar encantado de morros e ladeiras, praias iluminadas pelo sol diário, desembarcou o maior contingente de negros escravizados de que se tem notícia. Segundo os historiadores, quase 4 milhões deles foram trazidos de várias regiões da África, em diferentes épocas.

Assim, São Salvador da Bahia de Todos os Santos, primeiro nome de sua fundação, foi se tornando, aos poucos, uma cidade negra pela miscigenação de três raças: brancos, índios e negros africanos que aqui fincaram novas raízes.

Muitos estrangeiros que desembarcavam na capital brasileira restringiam sua opinião sobre a cidade em uma única frase: "Aqui tudo é preto". Ainda hoje, Salvador é conhecida como Roma Negra – a metrópole brasileira que reúne o maior percentual de negros fora da África. Muito acostumados à cata do ouro, os africanos trouxeram as técnicas das bateias e da escavação das minas e nos ensinaram a extrair o minério de nossas terras. As mulheres africanas enriqueceram a cozinha brasileira com novos pratos e nos mostraram como usar o dendê, a malagueta, o maxixe, o quiabo, entre outros.

As baianas do acarajé estão entre os maiores símbolos culturais da Bahia, reconhecidas como Patrimônio Imaterial do Estado.

Do mesmo modo que ocorria na África, elas vendiam as comidas nas ruas. E continuam a fazê-lo até hoje, fritando o acarajé em um fogareiro na frente do freguês.

O desempenho da mulher negra, ama de leite e criadeira, foi tão marcante no seio da casa senhorial que até hoje chamamos o filho mais jovem pelo termo angolano *caçula*. Outras palavras portadoras de elementos culturais foram compartilhadas com toda a sociedade brasileira: o samba, a capoeira, o berimbau, a cuíca, o agogô, a babá, o xodó, o dengo, o cafuné, a bunda e tantas outras mais...

Sincretismo religioso

Batizados logo que punham os pés em terra firme, "para a salvação de sua alma", os negros perdiam seus nomes e eram obrigados a adotar um nome cristão. O Estado, atrelado à Igreja Católica, impunha suas regras apoiando a sociedade escravista que devia ensinar a seus escravos as virtudes da paciência e da humildade, da resignação e da submissão à ordem estabelecida.

Apesar de obrigados a participar das solenidades dos senhores brancos, os negros eram proibidos de entrar nas igrejas, ocupando os portais dos templos durante as missas. Mesmo de longe foram percebendo certa identidade entre as experiências místicas do catolicismo – a hóstia consagrada e o incenso – com certos elementos das religiões africanas. Em vez de abrir mão de sua religião, decidiram incorporá-la à de seus senhores. Tiveram a sabedoria de descobrir, em seu novo destino, aquilo que era possível usar para preservar sua identidade – cultuar a religião dos brancos, sem abrir mão de suas crenças ancestrais. À noite, nas senzalas, soavam seus atabaques fazendo crer a seus senhores que eles louvavam os santos católicos, mas sob os altares desses santos escondiam os assentamentos de seus orixás de origem. O assentamento é o local onde o iniciado guarda o poder, a força do seu orixá

Essa fusão de concepções religiosas diferentes, de influências exercidas por uma religião na prática de outra, tomou o nome de sincretismo. No Brasil, o sincretismo é bastante comum, especialmente o encontrado na Bahia, onde houve uma adaptação das crenças de religiões tradicionais africanas aos rituais da fé católica. O resultado valeu como poderosa arma para os negros manterem suas tradições.

Candomblé rima com axé

O candomblé baseia-se no culto aos orixás, deuses que têm origem nas quatro forças da natureza: terra, fogo, água e ar. Eles são forças energéticas, desprovidos de corpo material. Sua manifestação básica para os seres humanos se dá por meio da incorporação. O ser escolhido pelo orixá para realizar essa incorporação é chamado de *elégùn*, aquele que tem o privilégio de ser "montado" por ele – é o veículo que permite ao orixá tornar-se corpo material para saudar e receber provas de respeito de seus descendentes, que o evocaram.

Como todas as religiões, o candomblé possui cerimônias específicas para seus adeptos: a leitura dos búzios, a preparação e a entrega de alimentos para cada uma das entidades, e as complexas e prolongadas iniciações dos filhos de santo. Através da observância desses procedimentos é que o candomblé religa os humanos aos seres astrais, proporcionando a eles o equilíbrio desejado na existência.

A síntese de todo o processo seria a busca de um equilíbrio energético entre os seres materiais, habitantes do planeta Terra, e a energia dos seres que habitam o Orum, o suprarreal, que tanto poderia se localizar no céu, como na tradição cristã, como no interior do planeta, ou ainda em uma dimensão estranha a essas duas, de acordo com diferentes visões apresentadas por nações e tribos diferentes.

Na língua iorubá, axé significa o poder, a energia, a força presentes em cada ser, em cada coisa. Nas religiões afro-brasileiras o termo representa a energia sagrada dos orixás. Para além do contexto religioso, axé é uma saudação utilizada para desejar boa sorte, felicidade e boas energias.

O espaço sagrado do candomblé é chamado terreiro. Ao som do agogô e do atabaque, considerados instrumentos sagrados por transmitir as mensagens dos deuses, os praticantes do candomblé realizam seus rituais, seus cânticos e sua liturgia, cuidadosamente conservados pela tradição oral. É através dos *orins* (cânticos), *adúras* (rezas), *ofós* (encantamentos) e *orikis* (louvações) que o "povo de santo", como são chamados os adeptos do candomblé, conversam com seus deuses, os orixás.

Os orixás

Cada orixá domina um elemento da natureza e tem seu dia, sua cor, sua dança, seus instrumentos, seus pratos preferidos e suas saudações. Essas tradições foram passadas oralmente, de geração a geração. Entre os adeptos do candomblé existe o consenso geral quanto à semelhança de um orixá e seu filho – acredita-se que, no momento da concepção, todos nós somos escolhidos por um orixá que "rege nossa cabeça" e, inevitavelmente, desenvolvemos o temperamento desse orixá.

Cada ser humano teria dois orixás – o primeiro, seu protetor, faz seu filho revelar suas características de maneira marcante; o segundo orixá, ou *ajuntó*, apesar da distinção hierárquica, teria uma revelação de poder muito forte e mais sutil junto a seu filho. Um seria a personalidade exteriormente mais visível, enquanto o outro seria a face oculta de sua personalidade.

A melhor maneira de descobrirmos qual é nosso orixá é por meio do jogo de búzios, realizado por um babalorixá ou pai de santo. Antes do início do jogo, ele entoa uma reza e saúda todos os orixás. É importante que o espaço em que serão lançados os búzios, um pano branco virgem ou uma peneira, esteja rodeado com as guias dos orixás – colares coloridos feitos com miçangas. A intenção é que, simultaneamente, as guias e os búzios obtenham a força, a proteção e a permissão desses orixás para o *odu*, que representa o resultado de cada jogada. Acredita-se que na África Ocidental existiam mais de quatrocentos orixás, mas, na vinda dos escravos para o Brasil, grande parte dessa tradição se perdeu. Hoje, o número de orixás conhecidos está reduzido a 16 deles, e mesmo desse pequeno grupo apenas 12 são ainda cultuados.

O candomblé se consolidou no Brasil no século XIX e até a década de 1960, esteve restrito à Bahia, especialmente a Salvador e a cidades do Recôncavo Baiano. Até meados da década de 1970 precisava de autorização policial para bater os seus tambores. Hoje, os terreiros de candomblé são reconhecidos como respeitáveis templos em que negros e brancos reverenciam livremente as divindades da natureza.

Presente em vários países, como Argentina, Uruguai, Portugal e Itália, mais que uma religião, o candomblé tem sido uma fonte importante na formação da cultura brasileira – muitos de seus elementos estão presentes na literatura, no cinema, no teatro e na televisão, na música popular, nos enredos de escolas de samba, na culinária e mesmo em padrões estéticos, em hábitos e valores do povo brasileiro.

Os 12 orixás

• Exu

Dia da semana: segunda-feira

Cores: vermelho e preto

Domínios: caminhos, encruzilhadas e o alto das montanhas

Exu faz a comunicação entre os espaços – ar, terra, água, fogo. Tem aspectos múltiplos e contraditórios, seu caráter é considerado ambivalente. Exu pode ser bom ou mau, dependendo de sua missão – pode ser enviado para fazer o bem ou o mal. Durante o período colonial, adquiriu a fama de diabo, mas na verdade ele é um mensageiro – aquele que faz a comunicação entre os humanos e os outros orixás.

• Ogum

Dia da semana: terça-feira

Cores: azul-escuro, verde e branco

Domínios: profundezas da terra, jazidas de ferro e praias

A história de Ogum na África é marcada por guerras, saques e devastação, o que fizeram dele um temido guerreiro. No Rio de Janeiro Ogum é associado a são Jorge, valente guerreiro que luta contra um dragão. Na Bahia, ele foi sincretizado com Santo Antônio de Pádua, protetor do exército português. As pessoas consagradas a Ogum são briguentas, impulsivas, impetuosas e arrogantes.

• Oxóssi

Dia da semana: quinta-feira

Cores: azul-turquesa e verde

Domínios: florestas, matas e terras virgens

Oxóssi é o orixá da caça, que vive nas matas e cuida dos animais. Ele é responsável pela abundância de caça que garante alimentação a seu povo. Durante suas expedições é ele quem descobre o lugar favorável à instalação de uma nova roça ou vilarejo, tornando-se o senhor da terra. Na Bahia, é sincretizado com São Jorge, no Rio de Janeiro, com São Sebastião. O arquétipo de Oxóssi é o das pessoas espertas, rápidas, sempre alertas a novas oportunidades.

- **Ossain**

Dia da semana: terça-feira
Cores: verde, branco e preto
Domínios: matas, raízes e folhas

Ossain vive nas florestas; é a divindade das plantas medicinais e litúrgicas. É figura fundamental nas celebrações rituais, pois é ele quem indica as plantas a serem utilizadas. Ossain é o detentor do *àse* (axé, poder), imprescindível até para os deuses. As pessoas consagradas a ele são equilibradas, capazes de controlar seus desejos e emoções.

- **Xangô**

Dia da semana: quarta-feira
Cores: marrom, vermelho e branco
Domínios: pedreiras, minérios, raios e trovões

Não existe hierarquia entre os orixás, nenhum tem mais *àse* (axé, poder) que os outros, mas Xangô é considerado o rei de todos eles. Elegante, impetuoso, viril e atrevido, Xangô é também justiceiro, castiga os ladrões e malfeitores, premiando quem merece com justiça e sabedoria. As pessoas consagradas a Xangô possuem elevado senso de dignidade e de justiça, e se comportam com certa severidade em diferentes ocasiões.

- **Iansã | Oyá**

Dia da semana: quarta-feira
Cores: vermelho, branco e rosa
Domínios: ventos, cemitérios, taquaral e caminhos

Ela é a senhora dos ventos e das tempestades. Seu temperamento é ardente e impetuoso, jamais se deixa dominar pelos orixás masculinos. No Brasil ela é sincretizada com Santa Bárbara. As mulheres consagradas a Iansã são audaciosas, poderosas, autoritárias, e têm um temperamento sensual e voluptuoso.

• Oxum

Dia da semana: sábado

Cores: amarelo-ouro e rosa

Domínios: rios, nascentes, lagos e cachoeiras

É a rainha de todos os rios, exerce seu poder sobre a água doce, sem a qual não haveria vida no planeta. Oxum é também a orixá da fertilidade, simbolizando o amor, a união, o casamento. No Brasil é sincretizada com Nossa Senhora das Candeias.

• Iemanjá

Dia da semana: sábado

Cores: branco, prata e azul

Domínio: lagoas e mar

Dizem que Iemanjá é o próprio mar divinizado. No dia 2 de fevereiro, os pescadores e o povo da Bahia se unem para celebrá-la – espelhos, flores, sabonetes e bijuterias são entregues à rainha do mar, a quem todos pedem proteção. As filhas de Iemanjá são voluntariosas, fortes, rigorosas, protetoras e altivas.

• Oxumaré

Dia da semana: terça-feira

Cores: preto, verde e amarelo

Domínios: chuva e arco-íris

Oxumaré é símbolo da atividade e da permanência. Representa o arco-íris, a intermediação entre a água e o ar. Oxumaré é o arquétipo das pessoas pacientes e perseverantes, nada as impede de alcançar seus objetivos.

• Nanã Buruku

Dias da semana: terça-feira e sábado

Cores: branco, preto e roxo

Domínios: lama, pântanos e lodo

É considerada a divindade mais antiga, senhora das águas paradas e dos pântanos, ligada à morte. Sincretizada com Santa Ana, Nanã Buruku passa a seus filhos calma, benevolência, dignidade e gentileza.

• Omulu

Dia da semana: segunda-feira

Cores: preto, branco e vermelho

Domínios: terra e fogo

Omulu é o orixá das doenças; ele preside o tratamento médico e a morte. É considerado o responsável pela passagem dos espíritos do plano material para o espiritual. Seus filhos são sérios, em geral se mantêm quietos e calados; lentos, têm hábitos de pessoas muito idosas.

• Oxalá

Dia da semana: sexta-feira

Cor: branco

Domínios: criação, vida e morte

Oxalá é o pai de todos os orixás e simboliza o amor universal. Foi o primeiro a ser criado por Olodumaré, o deus supremo, e sua ação se manifesta através da luz e da paz. Seus filhos são calmos, respeitáveis e dignos de confiança.

Em viagem...

Havíamos terminado de gravar algumas cenas internas na Igreja de Nossa Senhora da Conceição da Praia, em Salvador, e nosso próximo compromisso seria somente à tarde. Como era cedo para almoçar, achei que podia preencher o espaço ocioso do nosso roteiro de gravações pedindo a Roniel, nosso guia na cidade, que me levasse à casa de mãe Bebé, mãe de santo que ele mesmo me havia indicado quando lhe falei da minha enorme curiosidade em saber qual era meu orixá de cabeça. Observei que àquela hora os anjos estariam atentos e a consulta, com certeza, seria um sucesso.

Subindo a ladeira do Acupe de Brotas, eu me mantinha calada, antecipando o momento mágico em que os búzios indicariam o meu protetor. Na casa simples de mãe Bebé vislumbrei o teto do que seria uma garagem decorado com bandeirolas brancas, típicas de um terreiro de candomblé.

Bati palmas, nada. Insisti. Do lugar, surge uma mulher de branco que, muito gentilmente, explica que naquele momento seria impossível uma consulta. "Ao meio-dia", diz ela, "Exu está traçando seus caminhos e levando 'trabalhos do mal'". Humildemente, pedi desculpas e marcamos um novo horário no final da tarde. Aprendi naquele momento que ninguém joga búzios ao meio-dia!

Perto dos noventa anos, mãe Bebé nos recebe no horário marcado. Seu vestido branco engomado está impecável, assim como as trancinhas que dividem as mechas de seu cabelo, já embranquecido. Seu sorriso de boas-vindas parece iluminado.

Devagar, ela se levanta, faz menção de pegar a bengala, mas desiste, em um gesto de desprendimento. Caminhando vagarosamente, ela parece arrastar suas experiências em um cortejo sem fim.

Chegamos à salinha de consulta. Sua cadeira lembra o trono de uma princesa africana, entalhado em madeira, o alto espaldar adornado com muitos colares de cristal colorido.

Na mesinha à frente, em um cesto tecido à mão – com certeza trazido de algum velho mercado de Angola –, repousam os búzios. Enquanto mãe Bebé acende uma vela branca, conto a ela sobre o meu trabalho, a minha formação católica, a minha curiosidade por outros credos e religiões. Por detrás da chama da vela sinto que seu olhar esquadrinha a minha alma. "O candomblé sempre frequentou a religião católica", diz ela baixinho, "sou acostumada, gosto da minha igreja".

Estamos prontas para o jogo. Suas palavras em iorubá, a língua dos orixás, acompanham o soar dos búzios em suas mãos. Em um gesto quase dramático, ela os arremessa e eles formam um desenho cheio de significados... Pensativa, ela escolhe os búzios e os separa em grupos. A palavra que se forma em seus lábios é Obaluayê, o senhor da Terra e da Morte.

Herdeira da nação negra Angola, mãe Bebé, nascida Albertina de Souza Dantas em Feira de Santana, é a soberana do Terreiro Denboaquenan, assentado na comunidade do Buraco da Gia, no Acupe de Brotas, em Salvador.

Mãe Bebé já "fez a cabeça" de mais de trezentas filhas de santo no Terreiro Denboaquenan, onde se canta em quibundô, língua da nação banto falada em Angola, e se celebra o Caboclo em uma festa de rara beleza, a cada 2 de julho, aniversário da Bahia.

Origens da devoção ao Senhor do Bonfim

Em Portugal, a história de oferendas feitas a santos de particular devoção tem antiga trajetória. Era comum o pagamento de promessas, feitas em momentos decisivos, erigindo-se monumentos de grande beleza em homenagem aos santos. Podemos incluir nesse universo de grandes monumentos a Igreja do Bonfim, porque ela é o resultado da promessa feita por uma pessoa ao seu santo de devoção, o Senhor do Bonfim, cultuado em Setúbal, Portugal. A história de Teodósio Rodrigues de Farias, capitão português, é muito conhecida dos baianos. Navegando para a Bahia, seu barco se viu às voltas com uma grande tormenta e, diante da iminência de um naufrágio, fez a promessa – se ele e sua tripulação se salvassem, traria de Portugal uma imagem de Nosso Senhor do Bonfim e ergueria uma igreja para abrigá-la. São e salvo, o capitão se apressou em cumprir sua promessa.

No dia 18 de abril de 1745 ele chegou ao porto da Penha, em Salvador, com a imagem do Senhor Crucificado – a mesma que está até hoje no altar-mor da Igreja do Bonfim. A colina de Montserrat, na península de Itapagipe, parecia o local ideal para a construção de uma igreja voltada para o mar: além de representar a devoção do capitão, assumia o posto de guardiã da cidade contra invasões, pestes e outras calamidades. Mais tarde o local se tornou conhecido como Colina Sagrada, e a construção da Igreja do Bonfim, emoldurada com palmeiras centenárias, se abriria para sempre em um abraço amoroso e fraterno a devotos de todas as crenças. A imagem vinda de Portugal e a igreja construída para abrigá-la no Brasil transformaram- se em um marco e, desde então, o culto a Jesus Crucificado – o Senhor do Bonfim – propagou-se, e notícias de graças e milagres alcançaram todo o Brasil.

Festa do Senhor Bom Jesus do Bonfim – Salvador, Bahia

Segunda quinta-feira de janeiro

A Festa do Senhor do Bonfim é a abertura oficial das festas sincréticas realizadas na Bahia e em Salvador festa é o que não falta. Em qualquer época do ano, uma alegria sem fim percorre becos e ladeiras e agita mercados e praias, integrando cores, ritmos, aromas e crenças – uma autêntica celebração à vida. Um dos grandes espetáculos de fé popular fica por conta da Lavagem da escadaria do Bonfim na Basílica Senhor Bom Jesus do Bonfim – ou apenas Igreja do Bonfim, como em geral é chamada –, festa que teve início no século XVIII com a promessa de um devoto. A cidade se enche de música e alegria em uma poderosa demonstração de fé.

A Lavagem do Bonfim

Essa tradição teve origem na época da escravidão, quando as senhoras mais ricas da cidade levavam seus escravos à igreja para lavar, perfumar com essências francesas e enfeitar os altares com flores de seda. Isso acontecia na quinta-feira anterior ao encerramento da novena ao Senhor do Bonfim, pois somente depois da Lavagem a igreja ficava pronta para sua festa maior.

Abolida a escravidão em 1888, o sincretismo religioso começou a se desenvolver subindo a Colina Sagrada como uma onda de misticismo – a preparação da igreja foi se transformando, por intermédio dos ex-

-escravos e seus descendentes, em ato de louvor a Oxalá, principal entidade do candomblé.

Proibida pela Arquidiocese de Salvador em 1889, a Lavagem voltou a ser realizada na década de 1950, com a participação cada vez mais efetiva do povo de santo, e tornou-se um símbolo do sincretismo religioso na Bahia.

Em viagem...

Sexta-feira, da manhã. O Terreiro de Jesus, no Centro Histórico de Salvador, está deserto. Vestida de branco, como manda a tradição do candomblé, acompanho o movimento das baianas que se preparam para o cortejo da Lavagem do Bonfim. Vindas de todos os cantos da cidade, essas mulheres não deixam morrer as tradições – cultuam seus santos, fazem as oferendas e se mantêm guardiãs dos mistérios que tornam Salvador única no mundo.

Na Associação das Baianas, que fica na Cidade Alta, cerca de 350 baianas cuidam de seus potes de água de cheiro e escolhem as mais bonitas flores brancas para ofertar a Oxalá. Na talha é posta uma mistura que as baianas preparam através do "amasse" de várias ervas, acrescida de seiva de alfazema com água de flores. Essa receita repousa toda a noite no Ari Axé d'Ogum, a sala dos orixás. Elas dizem que ali dentro vai um pouco da fé de cada uma delas.

Vaidosas, capricham no laço do turbante branco, investem nos bordados raros da bata engomada em que descansam os colares de cristal e os patuás da sorte. Seus passos impulsionam as sete anáguas sobrepostas que se movem, uma a uma, revelando as sandálias brancas e as calças bordadas até os tornozelos; preso à cintura, carregam um frasco de água de alfazema para "abençoar" os devotos, que dizem: "Baiana, me dá um cheiro!". "Axé, minha filha, que Oxalá lhe proteja".

O som dos clarins ecoa nas esquinas do Pelourinho anunciando a vinda dos Filhos de Gandhy, o afoxé mais conhecido da Bahia. Criado em 1949 por um grupo de estivadores, os Filhos de Gandhy praticam os ideais de paz do líder indiano Mahatma Gandhi, que inspirou o nome do grupo. A altivez do porte de seus integrantes complementa o traje branco e azul, com turbantes à moda indiana e cascatas de colares azuis. Com seu ritmo preciso e forte, os Filhos de Gandhy nos arrastam com eles. Impossível não segui-los. Lá vamos nós para a partida do cortejo, gingando ao som da batida dos atabaques, do afoxé e do agogô, pasmos com a energia que nos envolve.

Quem tem fé vai a pé!

A tradição na Festa do Bonfim, a participação dos devotos no cortejo a pé, a subida à Colina Sagrada, a bênção e o hino ao Senhor do Bonfim emocionam todos durante o ritual da lavagem. As baianas lideram a procissão, carregando nos ombros seus vasos com água perfumada de ervas. Atrás delas, os Filhos de Gandhy empolgam a multidão.

Originalmente o interior da igreja era lavado, mas hoje a água é derramada ritualisticamente nos degraus da escadaria da Igreja do Bonfim, em um gesto simbólico de purificação. A multidão se comprime contra o gradil da igreja, braços estendidos, mãos espalmadas, todos querendo agradecer ao Senhor do Bonfim pelas bênçãos recebidas e, por que não, receber algumas gotas de água de cheiro das baianas, tudo com muito axé.

As fitinhas do Bonfim

Na Colina Sagrada, em dia de festa, o gradil que envolve a basílica amanhece cheiinho de fitas coloridas, as famosas fitinhas do Bonfim, que se entrelaçam em volteios caprichados deixando pontas e rabichos à mercê do vento.

As célebres fitinhas nasceram no século XVIII, junto com a devoção ao santo, e eram chamadas "medidas": seu tamanho –

47 centímetros – corresponde à medida do braço esquerdo da imagem esculpida em pinho-de-riga vinda de Portugal, representando o Senhor Crucificado.

Essas medidas em fita, feitas artesanalmente com tecidos de boa qualidade, possuíam o símbolo do santo desenhado e frases bordadas; o acabamento era feito com tinta prateada ou dourada. Os antigos escritos da irmandade do Bonfim indicam que as medidas eram tão importantes que mereciam um capítulo à parte nos livros de registro.

Hoje, trazer um punhado de fitinhas coloridas do Bonfim faz parte de toda visita que se faça à Colina Sagrada – amarelas, roxas, vermelhas ou azuis, elas são amarradas ao punho com os três nós que representam os três pedidos de graças feitos. Segundo a tradição, quando as fitinhas se desgastam e caem, é tempo de os pedidos se realizarem.

Milagres e ex-votos

Peregrinações a lugares sagrados e o pagamento de promessas, especialmente em dia de festa, incluem também as chamadas esculturas de milagres. Para o devoto, a doença era considerada um malefício, com poder de morte sobre o seu corpo. Esculpir representações do corpo humano, ou partes dele, assim como

O ex-voto é um objeto oferecido ao santo pelo devoto, em geral depositado em uma igreja, após a graça alcançada, ou o pedido atendido.

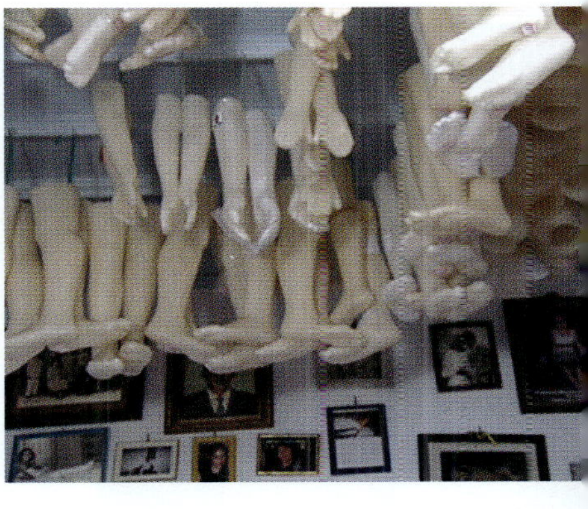

órgãos afetados pela doença, era um ato mágico pelo qual se aprisionava a doença, transferindo-a do corpo para sua representação.

Muito comuns no Nordeste do Brasil, essas esculturas primitivas, encomendadas em sinal de gratidão depois de doenças curadas, eram depositadas em lugares considerados sagrados – em geral uma sala especial ou uma capela comumente chamada "sala dos milagres". O ex-voto apresenta uma série de formas testemunhais: cruzes usadas em peregrinações, membros de cera que atestam a cura de problemas de saúde, chaves de carro e representações de casas, referindo-se à aquisição desses bens, velas e flores, objetos preciosos em prata, fotografias, quadros artísticos, e muitos outros.

Em tempos passados, artistas anônimos conhecidos como "riscadores de milagres" ficavam nas imediações da Igreja do Bonfim prontos para "riscar milagres", ou seja, pintar quadros representando a graça alcançada pelo devoto por intercessão do Senhor do Bonfim. Esses personagens praticamente desapareceram, seus quadros vêm sendo substituídos por fotografias, membros de cera produzidos em série, muletas, rosários e outros tantos objetos que se abrigam sob o teto das "salas de milagres" das muitas igrejas espalhadas pelo Brasil.

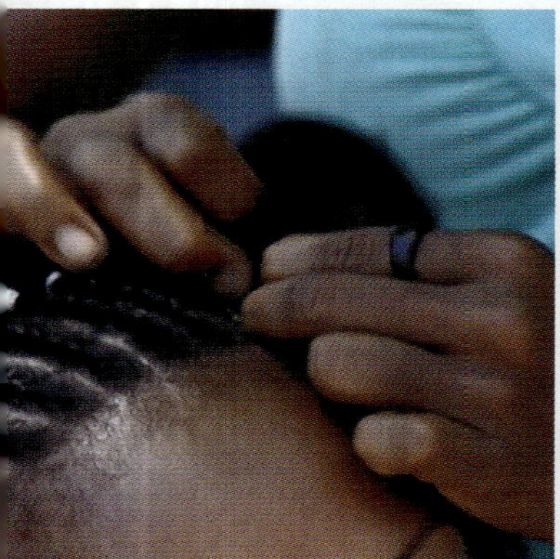

Irmandades ou confrarias

As irmandades ou confrarias existem desde o início do cristianismo. Durante a Idade Média, essa forma de participação dos cidadãos na vida social e religiosa das comunidades assumiu uma identidade mais definida. Por volta do século XIII o conceito de irmandade se difundiu por toda a Europa, refletindo uma espécie de ligação entre as comunidades – a motivação religiosa era quase sempre associada à necessidade de segurança e consideração social.

Em virtude disso, muitas ordens religiosas foram criadas com o objetivo de restaurar a verdadeira espiritualidade da Igreja Católica, corrompida pela postura política assumida pelo clero. Durante o período colonial, impedidos de participar das associações de homens brancos, os escravos, aos poucos, passaram a criar suas próprias irmandades, que em geral reuniam membros da mesma nação africana.

A disputa pelo poder temporal e espiritual que envolveu a Igreja Católica provocou em alguns religiosos o desejo de recuperar os princípios espirituais dos primórdios do cristianismo: a fé e a caridade. Apesar da rivalidade existente entre as diferentes nações, as irmandades se tornaram um terreno fértil que assegurou aos africanos uma base comum de desenvolvimento de seus ideais filosóficos, musicais e religiosos. Essas associações, além de organizar as festas, recolher o dízimo e divulgar a fé cristã, prestavam serviços assistenciais – por meio da contribuição dos seus filiados, a irmandade se incumbia de recolher e distribuir vestuário aos necessitados, de dar proteção a negros fugidos, de comprar cartas de alforria, fazer um enterro digno aos filiados, ou ainda pagar missas pela alma do morto.

As irmandades dos homens pretos foram de suma importância no movimento abolicionista do Brasil, porque, além da compra de cartas de alforria, elas fomentavam as articulações do movimento e auxiliavam os libertos em sua inserção social. Pode-se afirmar que as irmandades dos homens pretos foram o berço de preservação da cultura afro-brasileira, pois por meio delas os negros puderam praticar a sua música e a sua dança, manifestando os seus valores culturais.

No período colonial as irmandades congregavam apenas homens; as mulheres eram incluídas como dependentes dos maridos e recebiam possíveis benefícios depois da morte do esposo. Nesse cenário historiográfico do Brasil colonial, momento em que o poder se concentrava na figura do homem, é surpreendente conhecer a história de uma irmandade formada apenas por mulheres. Na época moradoras do bairro da Barroquinha, em Salvador, eram integrantes de uma elite social e política africana – eram chamadas "negras do partido alto" – direcionada a garantir a alforria e a sobrevivência de negros libertos. Além de receber pagamento por serviços prestados a seus senhores, comercializavam quitutes nas ruas para conseguir emancipação econômica. Hoje podemos encontrá-las próximo à capital, na cidade de Cachoeira.

Em Salvador a associação mais representativa é a Irmandade do Rosário dos Pretos, que conta hoje com mais de 150 membros com idade entre 18 e cem anos. Constituída em 1685, é uma das primeiras irmandades de negros formada no Brasil. Foi fundada por escravos vindos do Congo e de Angola com o intuito de garantir a sobrevivência de famílias em caso de morte ou invalidez e atuar na compra de cartas de alforria.

Festa de Nossa Senhora do Rosário dos Pretos – Salvador, Bahia

Último domingo de outubro

Organizada pela Irmandade do Rosário dos Pretos, a homenagem a sua padroeira faz o Pelourinho realmente ficar em festa. Aliando o candomblé ao catolicismo, algumas das missas são celebradas na igreja ao som de atabaques, que acompanham rituais africanos. A Igreja de Nossa Senhora do Rosário dos Pretos demorou quase todo o século XVIII para ser concluída, pois somente no período noturno os escravos libertos podiam cuidar da sua construção. Nos fundos da igreja, ainda pode ser visto o antigo cemitério de escravos. Pintada na cor azul, integra com muita propriedade o ambiente colorido do largo do Pelourinho.

A preparação para o dia festivo tem início com a realização do Tríduo a Nossa Senhora do Rosário dos Pretos, três dias de oração em missas especialmente celebradas para esse fim. No dia da festa uma missa solene reúne homens e mulheres ao som de atabaques e agogôs, perfume de incenso e oferendas. Como dita a tradição, sobre a roupa branca trazem a capa preta, indumentária para os dias de gala.

Depois da missa solene fogos de artifício dão o sinal de partida para a procissão, que percorre as ruas do Centro Histórico de Salvador. Como diz uma moradora de Salvador: "Bonito de ver até para quem não acredita, afinal, tem coisa mais emocionante do que presenciar duas religiões se aproximarem de uma forma tão natural, tão simbólica?".

Localização: Praça José de Alencar (Largo do Pelourinho), s/n, Centro Histórico • Tel.: (71) 3241-5781

Horário de funcionamento: De segunda a sexta, das 8h às 18h | Sábado, das 8h às 13h | Domingo, das 8h às 12h

Terça da Bênção: Terça, às 18h | Missa com cânticos, percussão afro e bênção de pães, ofertados ritualmente por cortejos feminino e masculino

Para outras informações: <rosariopelourinho@hotmail.com>

Não perca...
... EM SALVADOR

Igrejas no Centro Histórico

Alguns dizem que a cidade tem uma igreja para cada dia do ano, outros que não chega a isso, mas podemos afirmar que são mais de 365 igrejas... Um costume antigo é “correr sete Igrejas” na Sexta-Feira Santa para fazer pedidos e agradecer por graças alcançadas. Algumas delas não se pode deixar de visitar: a Igreja de São Francisco, toda recoberta de ouro em pó; a Igreja da Ordem Terceira de São Francisco, a única em estilo espanhol; a Catedral Basílica de Salvador, construída pelos jesuítas em 1672; e a Igreja do Santíssimo Sacramento da Rua do Passo, locação de *O pagador de promessa*, filme que deu ao Brasil a Palma de Ouro no Festival de Cannes.

Igreja de São Francisco: Praça Anchieta, s/n (Largo Cruzeiro de São Francisco), Centro Histórico • Tel.: (71) 3322-6430 | De segunda a sábado, das 7h às 18h | Domingo, das 8h às 12h

Igreja e Convento da Ordem Terceira de São Francisco: Junto à Igreja de São Franscisco • Tel.: (71) 3321-6968 | De segunda a sexta, das 8h às 12h e das 13h às 17h

Catedral Basílica de Salvador: Praça 15 de Novembro, s/n (Largo Terreiro de Jesus, ligado ao Largo Cruzeiro de São Francisco), Centro Histórico • Tel.: (71) 3321-4573 | De segunda a sábado, das 8h30 às 11h30 e das 13h30 às 17h | Domingo, apenas para as missas das 9h e das 18h

Igreja do Santíssimo Sacramento da Rua do Passo: O templo se impõe no alto da escada com mais de cinquenta degraus que começam na ladeira do Carmo; o prédio está trancado desde 1998 por falta de conservação. Em 2013 a Justiça Federal acatou o pedido do Ministério Público Federal e determinou que a Arquidiocese de Salvador, o Iphan e a União realizem as obras de recuperação da igreja. Até lá, vale subir a escadaria e sentir-se no cenário do filme. | Rua do Passo, s/n, Centro Histórico, em local próximo ao largo do Pelourinho.

Para saber mais: <www.bahia-turismo.com>, <www.bahia.com.br> e <www.visiteabahia.com.br>

Sala dos Milagres e Museu dos Ex-votos

No andar térreo da Igreja do Bonfim os ex-votos podem ser vistos na Sala dos Milagres, um variadíssimo acervo que demonstra a incontestável crença que alimenta a fé dos devotos do Senhor do Bonfim, e no pavimento superior está instalado o chamado Museu dos Ex-votos, a que se tem acesso por uma escada. No museu estão objetos diferenciados e também de maior valor, como um órgão de 1854 e joias.

Localização: Praça Senhor do Bonfim (Largo do Bonfim), s/n, Bonfim, Salvador, BA • Tel.: (71) 3316-2196

Horário de funcionamento: Segunda, das 9h às 18h | De terça a domingo, das 7h às 18h

Para saber mais: <http://projetoex-votosdobrasil.net/santuarios-ne/bomfim/senhor-do-bonfim-ba/>

Museu de Arte Sacra

Instalado no antigo convento de Santa Teresa d'Ávila, do século XVII, do museu se tem visão panorâmica da Baía de Todos os Santos. Cerca de 1.400 peças, datadas do século XVI ao século XIX, fazem parte do acervo. O museu é mantido pela Universidade Federal da Bahia em conjunto com a Arquidiocese de Salvador.

Localização: Rua do Sodré, 276 (próximo à Praça Castro Alves), Centro, Salvador, BA • Tel.: (71) 3283-5600 | (71) 3283-5603

Horário de funcionamento: De segunda a sexta, das 11h30 às 17h

Para saber mais: <www.ufba.br>

Para outras informações: <mas@ufba.br>

Museu de São Bento

Localizado nas galerias superiores da basílica do Mosteiro de São Bento da Bahia, no museu estão expostas obras dos monges beneditinos considerados artistas. Um deles é frei Agostinho de Jesus, a quem se credita a autoria de Nossa Senhora da Conceição Aparecida, a padroeira do Brasil. Seu mestre, frei Agostinho da Piedade, tem entre suas obras expostas *São Pedro arrependido*, imagem de barro cozido considerada obra-prima da arte sacra brasileira.

Localização: Largo de São Bento, 1, Centro (Cidade Alta), Salvador, BA • Tel.: (71) 3322-4744 | (71) 3322-4749

Horário de funcionamento: De segunda a sexta, das 9h às 12h e das 13h às 16h

Para saber mais: <http://saobento.org>

Para outras informações: <museu@saobento.org>

Irmandade de Nossa Senhora da Boa Morte

A origem da Irmandade de Nossa Senhora da Boa Morte parece envolta em mistérios e controvérsias. Para alguns historiadores tudo teria começado com um grupo de escravas alforriadas, membros da etnia ketu; para outros, elas seriam procedentes de variadas etnias.

Durante o período colonial, a irmandade chegou a ter perto de duzentas integrantes; hoje são pouco mais de vinte mulheres, por tradição, acima de cinquenta anos de idade. Elas explicam que a partir dessa idade as mulheres, em geral, começam a perder o interesse material e sexual, fortalecendo o espírito e a devoção. Antigamente, uma nova irmã no quadro da irmandade era indicada por laços de parentesco com um membro mais antigo, que a indicava para que passasse pelo estágio de observação, chamado "irmã de bolsa". Atualmente já não há tal exigência; o que garante a aceitação é o vínculo com o candomblé, além da observância dos preceitos da entidade e da conduta irrepreensível da proponente.

A candidata deve ficar em observação durante três anos, período em que as irmãs mais velhas irão transmitir seus conhecimentos e avaliar seu caráter e responsabilidade. Somente depois disso, ela estará pronta para pertencer ao grupo.

Há quase duzentos anos com sede no Recôncavo Baiano, na cidade de Cachoeira, a Irmandade da Boa Morte preserva tradições e ensinamentos religiosos transmitidos oralmente por seus antepassados.

Em viagem...

Enfeitiçada por essas "rainhas" negras de semblante austero, de alvas saias rendadas e xales de veludo negro, parti para Cachoeira em meados de agosto, ocasião em que a Irmandade da Boa Morte celebra a Assunção de Nossa Senhora, devoção que os jesuítas trouxeram para o Brasil durante o período colonial.

Reconhecida mundialmente como um dos mais expressivos conjuntos arquitetônicos da América Latina, a cidade de Cachoeira foi considerada Monumento Nacional pelo Iphan em 1971. Pela BR-324, dista 110 quilômetros de Salvador. A estrada parece invadir, sem rumo, a imensidão dos canaviais que cobre a região. Mão de obra de baixo custo, o negro foi trazido pelos senhores de engenho para trabalhar nas lavouras. É marcante em Cachoeira a influência da cultura africana que, miscigenada às tradições católicas, resultou nas manifestações sincrético-religiosas celebradas pela Irmandade da Boa Morte.

Na cidade, o casario colonial toma conta de ruas e ladeiras, preservando, nos velhos sobrados, as histórias do passado. Suas igrejas refletem a exuberância barroca, revestidas de uma aura religiosa que tem sobrevivido ao tempo. Sinto que Cachoeira respira misticismo.

Nossa Senhora da Boa Morte – A Dormição de Maria

As Sagradas Escrituras nada dizem sobre os últimos anos da vida de Maria. Acredita-se que ela tenha tido morte natural aproximadamente aos setenta anos, fato ocorrido por volta do ano 48 da era cristã. Referências sobre o assunto são encontradas apenas nos Evangelhos apócrifos, aqueles não incluídos nos textos sagrados pela Igreja Católica.

A devoção à Nossa Senhora da Boa Morte chegou ao Ocidente cristão pelas mãos de uma antiga tradição oriental – a Dormição de Maria –, segundo a qual, terminado seu tempo de vida terrestre, a Mãe de Jesus teria sido poupada da corrupção do corpo, sendo elevada aos céus pelos arcanjos Gabriel e Miguel.

Calcada nessa visão da "morte" de Maria, a Irmandade da Boa Morte reproduz nos primeiros três dias de celebração os momentos finais da vida terrena de Nossa Senhora e trata o tema com beleza e pompa, assumindo o sagrado por meio das múltiplas faces do misticismo.

Festa de Nossa Senhora da Boa Morte – Cachoeira, Bahia

De 13 a 17 de agosto

Nas palavras do historiador Luiz Cláudio Nascimento, "A Boa Morte é uma irmandade católica apostólica romana de cunho africano, ao mesmo tempo em que cultuam a Virgem Maria, cultuam os eguns (seus ancestrais)". Diferentemente de outras associações religiosas negras, a Irmandade da Boa Morte tem "dupla pertença", isto é, participa de duas correntes religiosas. Desse modo, e com muita harmonia, a devoção à Nossa Senhora da Boa Morte convive com a participação das irmãs no culto aos orixás.

A programação oficial da Festa da Boa Morte em Cachoeira começa no dia 13 de agosto, mas já no início do mês algumas irmãs deixam suas casas para se dedicar exclusivamente à irmandade, recolhendo donativos e ocupando-se dos preparativos para a comemoração. Os pedidos de esmola, conhecidos como peditório ou esmola geral, fazem parte das obrigações que as devotas cumprem em nome do louvor à Nossa Senhora; elas carregam uma pequena bolsa bordada em que guardam as contribuições.

Os três ritos fundamentais estão organizados nos três primeiros dias da festa, respeitando e seguindo a tradição deixada pelas irmãs que fundaram a irmandade.

Primeiro dia: No final da tarde, depois de celebrada uma missa, o cortejo de Nossa Senhora da Boa Morte percorre as principais ruas da cidade e se encaminha à capelinha da irmandade, onde são celebrados os ritos em homenagem às irmãs já falecidas.

Além da missa, da procissão e das preces, há a chamada ceia branca, que segue a tradição africana de não servir carne em respeito a Oxalá, pai de todos os orixás; ao mesmo tempo, essa ceia evoca também a Sexta-Feira da Paixão, dia em que os católicos se abstêm de comer carne. Assim como Cristo dividiu o pão e o vinho com seus apóstolos na Última Ceia, também as irmãs repartem com todos os presentes o vinho, o pão, o peixe e os frutos do mar.

Depois, espalham pipoca (*doboru*) em toda a área da casa – um ato de purificação e limpeza de corpo e alma, de acordo com os preceitos de Omolu. A ceia transcorre em clima de muita serenidade e respeito, como convém a um momento de pesar. Muitas irmãs dispensam os talheres e comem com as mãos, reverenciando uma tradição herdada de seus ancestrais.

Segundo dia: Essa data está reservada à missa de corpo presente na capela da própria irmandade. Nesse dia, as irmãs vestem trajes de gala com cores definidas – preto, branco e vermelho: a saia preta plissada, a camisa branca bordada e uma faixa vermelha que fica virada para o lado negro da roupa, em sinal de luto. Logo após a missa, nova procissão sai às ruas entoando cânticos, acompanhada pela orquestra filarmônica e pelo povo em geral.

Terceiro dia: No dia 15, é tempo da grande celebração em homenagem à Assunção de Nossa Senhora. Os clarins dos Filhos de Gandhy ecoam pela cidade dando início à procissão. Nossa Senhora da Boa Morte, elevada aos céus, transforma-se então em Nossa Senhora da Glória. As irmãs trocam seus trajes de luto pelos de celebração e a procissão se realiza em ritmo de festa profana. Mulheres simples, nessa época exibem muitas joias, costume herdado das "negras do partido alto" de Salvador, origem da irmandade.

Dali em diante, e por mais duas noites, são servidas refeições e há samba de roda no largo da Ajuda – um modo bem alegre de encerrar as festividades. A Irmandade de Nossa Senhora da Boa Morte foi reconhecida como Patrimônio Cultural Imaterial pelo Iphan em 2009, ao lado de outros "saberes regionais" de Cachoeira.

"Plisados, panos da costa, bordados, xales, sedas, veludos e balangandãs. Esses são alguns dos elemtnos visuais que compõem a imagem da Irmandade da Boa Morte. Uma mistura de matizes, texturas e adornos que revelam a combinação harmoniosa de traços de religiosidade marcada por fortes características católicas e pelos expressivos rituais de candomblé. Assim é a Irmandade, rica, complexa, sincrétcauma tessitura repleta de tramas"

Renata Pitombo Cidreira, curadora da exposição
Imagens da Boa Morte (2010), Museu Afro Brasil

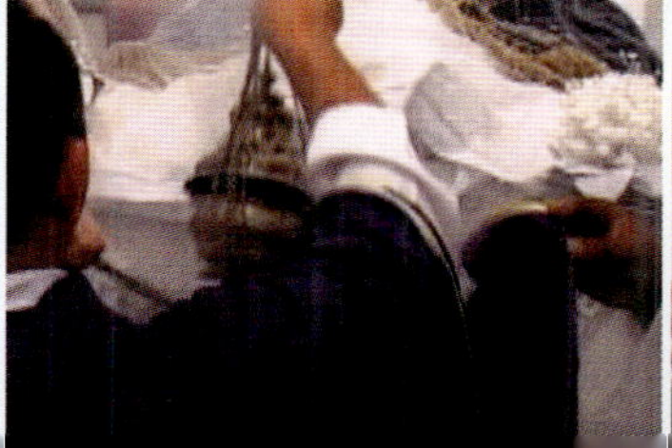

Não perca...
... EM CACHOEIRA

Igreja da Ordem Terceira do Carmo

O Conjunto do Carmo foi construído no século XVIII para abrigar três ordens: a primeira ordem, a igreja ao centro, era formada por religiosos; a segunda, pelo convento das freiras; e a terceira, por civis abastados. A igreja dos religiosos hoje é um centro de convenções – o convento se transformou em pousada e a Igreja da Ordem Terceira do Carmo abre somente para visitação, como um museu. O altar é revestido de ouro, há painéis de azulejos portugueses e imagens vindas de Macau na época em que houve perseguição aos católicos na China, além de um cemitério interno com lápides de madeira. A Ordem Terceira também abriga a Casa de Oração do Senhor dos Passos, que guarda a imagem de Cristo que sai na Procissão do Encontro durante a Semana Santa.

Localização: Praça da Aclamação, s/n, Centro Histórico, Cachoeira, BA • Tel.: (75) 3425-2516 | (75) 3425-1460 Museu da Ordem Terceira do Carmo
Horário de funcionamento: De terça a sábado, das 8h às 12h e das 14h às 17h
Para saber mais: <www.ufrb.edu.br/turismo> e <www.bahia.com.br>

Igreja Matriz de Nossa Senhora do Rosário

Essa igreja do final do século XVII leva o nome da padroeira do município e se destaca pela riqueza de seu acervo – imagens, telas, alfaias litúrgicas e um sacrário de prata. Azulejos em zigue-zague revestem as duas torres, e suas paredes internas têm azulejos temáticos que serviam como instrumento de catequização. Um dos painéis tem aproximadamente cinco metros de altura e é formado por 13 mil peças – o maior painel de azulejos portugueses fora de Portugal. O forro pintado completa a ornamentação.

Localização: Rua Ana Nery, s/n, Centro, Cachoeira, BA • Tel.: (75) 3425-3179
Horário de funcionamento: De segunda a sexta, das 8h às 12h e das 13h às 18h
Para outras informações: <pnsrcachoeira@gmail.com>

Irmandade de Nossa Senhora da Boa Morte

Um grande sobrado bem colorido indica que você chegou à sede da Irmandade de Nossa Senhora da Boa Morte – conhecê-la era um sonho que era há muito tempo acalentado. Além da capela e do memorial, em que são recebidos turistas e estudiosos, a irmandade oferece palestras sobre sua relevância histórica, projetos que envolvem a língua iorubá, oficinas de dança e percussão, além de cursos de pintura em tecido e corte e costura que focam a cultura popular.

Localização (sede e capela): Rua 13 de Maio, 32, Largo da Ajuda, Cachoeira, BA • Tel: (75) 3425-1468 | (75) 9965-6195

Horário de funcionamento: De terça a sexta, das 8h às 12h e das 14h às 17h | Sábado, das 8h às 15h

Para outras informações: <www.facebook.com/IrmandadedaBoaMorte>

Capela de Nossa Senhora da Ajuda

A Igreja do Santíssimo Sacramento, mais conhecida como Capela da Ajuda, ou ainda como Igreja da Boa Morte, fica no alto da ladeira da Ajuda. Esse é o local em que se concentram as senhoras da Irmandade da Boa Morte antes de saírem em cortejo pela cidade. A construção da capela original data de 1606 e foi alçada à matriz em 1637 – isso faz dela a primeira igreja da cidade. A capela em estilo colonial abriga as imagens de Nossa Senhora da Ajuda e Cristo Crucificado em tamanho natural.

Localização: Ladeira da Ajuda, s/n, Largo da Ajuda, Cachoeira, BA • Tel.: (75) 3425-1468 | (75) 9965-6195 Irmandade de Nossa Senhora da Boa Morte

Para saber mais: <http://bahia.com.br/roteiros/barroco-baiano-reconcavo/>

... EM SÃO FÉLIX

Com acesso pela praça Manoel Victorino, em Cachoeira, você chega a São Félix apenas atravessando a Imperial Ponte Dom Pedro II. Construída com estrutura importada da Inglaterra sobre o rio Paraguaçu em 1865, a ponte metálica tem 365 metros de comprimento e 9,5 metros de largura. Inicialmente habitada por índios tupinambá, a região passou a se chamar freguesia de Senhor Deus Menino de São Félix e essa foi a origem da cidade, que deixou de pertencer ao município de Cachoeira em 1889.

Para outras informações sobre Cachoeira: Secretaria de Cultura e Turismo: Rua Ana Nery, 27, Centro, Cachoeira, BA • Telefone: (75) 3425-1390

Igreja Senhor Deus Menino

Com fachada rococó e bonitas imagens em seu interior, nesta igreja, construída no final século XVIII, a devoção é a Deus Menino, o menino Jesus ainda criança. Para festejá-lo, todo ano é realizada a novena de 14 a 22 de dezembro e, no dia 23, depois da grande missa festiva, uma procissão percorre as principais ruas da cidade para comemorar o nascimento de Deus Menino.

Localização: Praça José Ramos, s/n, Centro, São Félix, BA • Tel.: (75) 3438-4322
Horário de funcionamento: De segunda a sexta, das 8h às 12h e das 14h às 17h
Para saber mais: <www.bahia.com.br/cidades/sao-felix/>
Para outras informações: <prsenhordeusmenino@hotmail.com>

Fonte milagrosa de Santa Bárbara

A decisão de cortar uma árvore acima da fonte de água que há na gruta foi a origem dos milagres de Santa Bárbara em São Félix. A voz ouvida pelo funcionário da prefeitura dizia que a água minava daquele jacarandá e que a árvore não poderia ser cortada. A fé popular passou a considerá-la milagrosa e todo dia 4 de dezembro chegam romeiros de várias cidades para celebrar o Dia de Santa Bárbara junto à fonte.

Localização: Gruta de Santa Bárbara, Ladeira dos Milagres, s/n, Fazenda Santa Bárbara, São Félix, BA
Para saber mais: <http://arquivomunicipaldesaofelix.blogspot.com> | Para outras informações sobre São Félix, contate a Secretaria de Cultura e Turismo: Rua Coronel João Severino da Luz Neto, 3, Centro, São Félix, BA • Tel.: (75) 3425-2914 ramal 39

Umbanda: A busca do sagrado

Há milênios, a crença na vida após a morte aquece o coração dos homens: as tribos celtas acreditavam que os mortos retornavam ao mundo dos vivos em certos dias do ano; os egípcios passavam a vida preparando rituais que os levariam depois de mortos a outros mundos; na cultura judeu-cristã encontra-se, no Antigo Testamento, o registro da proibição de Moisés à prática da "consulta aos mortos", enquanto no Novo Testamento o encontro de Jesus com Moisés e Elias no monte Tabor, durante o episódio da Transfiguração, induz os leitores à crença na vida após a morte (Mt 17, 1-9).

Em geral as insatisfações do cotidiano e a grande interrogação que antecipa a morte direcionam o homem ao caminho espiritual. Muitos, entretanto, não se contentam com apenas uma religião e buscam em outras fontes maiores garantias na vida e na morte. Assim vão compondo, eles mesmos, seu painel religioso. Nas palavras de Dalai Lama: "É necessário que existam diferentes abordagens religiosas porque, se houvesse uma só – por mais maravilhosa que fosse –, não daria conta da diversidade de motivações que levam as pessoas a buscar o sagrado".

Nas primeiras décadas do século XX desenvolveu-se no Brasil, principalmente entre as camadas intelectuais, um grande interesse pelo estudo da questão do negro, sua religiosidade e as heranças deixadas para a cultura brasileira. Muitos intelectuais, atraídos pela forte influência das religiões africanas no Brasil, converteram-se ao candomblé, passando a divulgá-lo com grande entusiasmo. "Foi nesse contexto", explica o antropólogo Vagner Gonçalves da Silva, "que a classe média branca se uniu à classe média pobre, que já frequentava a religião afro-brasileira, forjando uma nova religião que se transformaria em uma das mais populares experiências religiosas do brasileiro – a umbanda."

Localizar a origem da umbanda não é tão fácil, principalmente se a procurarmos à sombra do candomblé. Segundo o *Dicionário de cultos afro-brasileiros*, de Olga Gudolle Cacciatore: "A umbanda é formada pelo sincretismo de cultos africanos, da pajelança indígena, do catolicismo, do espiritismo e do ocultismo. Esta última linha, esotérica, vê na umbanda uma religião universal, detentora da essência de uma sabedoria anterior à humanidade, referindo-se a uma época lendária".

Os historiadores, em geral, consideram a umbanda uma religião multifacetada, formada basicamente por três religiões: o candomblé, trazido pelos escravos africanos no período da escravidão; o catolicismo, implantado no Novo Mundo por missionários católicos; e o kardecismo, doutrina espírita criada por Allan Kardec na França, por volta de 1848. A essas influências podemos anexar contribuições indígenas – a figura do pajé dando atendimento em consultas e orientações, ministrando remédios naturais, passes, ou ainda recorrendo à magia, em comunhão com os deuses das matas.

Com pouco mais de cem anos de vida no Brasil, a umbanda carrega um histórico de repressão policial e intolerância, sobretudo a partir de 1934, momento em que, por pressão da Igreja Católica, a Constituição brasileira foi promulgada em nome de Deus, e o catolicismo tornou-se a religião oficial do Estado. Perseguida, a umbanda tentava legitimar suas crenças diante da discriminação dizendo-se espírita, pois, além das semelhanças entre suas práticas, refugiava-se no fato de que o registro dos centros kardecistas era legal. Foi uma época em que os tambores se calaram e os "pontos" eram cantados apenas acompanhados de palmas. Com esse "embranquecimento" dos cultos africanos, a umbanda ganhou muitos adeptos vindos de outras religiões.

E assim surgiram várias vertentes: a tradicional, a popular, a sagrada e a esotérica.

Atualmente a religião se divide em umbanda federada e umbanda de terreiro. A primeira, oficial, possui desde 2004 uma Faculdade Teológica Umbandista, sediada em São Paulo, autorizada pelo Ministério da Educação e Cultura (MEC). É a umbanda da classe média alta, que representa a umbanda que é conhecida em nível nacional. A segunda é a umbanda de terreiro, dos pobres, das periferias – nessa vertente as mães e pais de santo e os pais de santo decidem como deve ser a "sua" umbanda.

As origens da umbanda

Segundo a tradição, a umbanda é uma religião milenar chamada AUM-BHAN-DAN, que significa "conjunto de leis divinas", apoiada em quatro pilares fundamentais: arte, filosofia, ciência e religião.

Seu ressurgimento no Brasil estaria sendo preparado há mais de quinhentos anos por espíritos ancestrais da raça pura dos peles-vermelhas, índios muito evoluídos que habitaram o planeta há milênios. Entretanto, há outra versão menos fantástica, e mais comumente aceita, que define o dia 15 de novembro de 1908 como a data de sua fundação.

Nesse dia, um certo Zélio Fernandino de Moraes, morador de Niterói, no estado do Rio de Janeiro, acometido de doença misteriosa, teria sido levado à Federação Espírita de Niterói para se submeter a uma sessão. Durante os trabalhos manifestaram-se em Zélio os espíritos de um índio e de um escravo; o dirigente da mesa pediu a eles que se retirassem, pois não eram bem-vindos, tratavam-se de espíritos atrasados, não doutrinados. Naquela mesma noite os espíritos voltaram, declarando suas identidades: Caboclo das Sete Encruzilhadas e Pai Antônio.

Nos anos iniciais do século XX a doutrina kardecista apenas considerava dignos de ser incorporados espíritos de médicos, cientistas e literatos. Insatisfeitos com essa discriminação, Zélio e seus amigos mais próximos afastaram-se do kardecismo e buscaram uma nova forma de receber qualquer espírito que quisesse se materializar. Orientados pelo Caboclo das Sete Encruzilhadas, definiram as bases do culto e iniciaram um ciclo de trabalhos de cura de enfermos, auxiliados pelo preto velho Pai Antônio. Assim nasceu uma nova religião, denominada umbanda. Caboclos e pretos velhos passaram a proclamar sua missão, a de irmanar todas as raças e classes sociais.

Em 1945, José Álvares Pessoa, dirigente de uma das sete casas de umbanda fundadas pelo Caboclo das Sete Encruzilhadas, obteve junto ao Congresso Nacional a legalização da prática da umbanda. A partir dessa data, muitas tendas, cujos rituais não seguiam o recomendado pelo fundador da religião, passaram a dizer-se umbandistas para fugir da perseguição policial. Nessa época a religião começou a perder seus contornos bem definidos e a se misturar com outros tipos de manifestações religiosas. Das muitas ramificações que surgiram, algumas guardam raízes muito fortes das bases iniciais, outras beberam em outras fontes religiosas – hinduísmo, bramanismo, budismo, cabala. Teoricamente, ao menos, elas seguem as mesmas crenças.

As sete linhas da umbanda

Enquanto o candomblé lida com as divindades como fluxos energéticos ligados às forças da natureza, transformando-as em protetores individuais de cada um que se identifica com elas, no kardecismo as entidades recebidas no corpo dos médiuns são espíritos de pessoas que viveram na Terra e voltaram para cumprir uma missão de caridade.

A umbanda crê...

... na existência de um Deus único, criador de todas as vibrações...

... na existência de Jesus Cristo, a quem chamam de Oxalá, modelo de perfeição...

... na existência de vibrações no Universo, que denominam orixás...

... na existência de entidades espirituais que se encaixam nessas vibrações...

... na existência de planos espirituais de evolução...

... na existência do espírito, que sobrevive ao corpo buscando aperfeiçoamento...

... na reencarnação e na lei cármica de causa e efeito...

... na prática da mediunidade sob as mais variadas apresentações, tipos e modalidades...

... na prática da caridade material e espiritual como meio de evolução...

... na crença de que o homem vive em um campo de vibrações que influem em sua vida.

Na umbanda espíritos e orixás têm outras concepções. Eles chefiam faixas de vibração, nas quais atuam falanges de entidades sintonizadas com determinados elementos da natureza, e assim promovem um trabalho conjugado entre encarnados e desencarnados. Por esse motivo foi criada a teoria das linhas de umbanda, para classificar e organizar a grande variedade de entidades cultuadas. A umbanda trabalha com sete linhas, faixas de vibração espiritual, cada uma delas representada e chefiada por um orixá.

- A primeira linha é chefiada por Oxalá e também é denominada linha de santo, pois abrange os santos da Igreja Católica em geral.
- A segunda linha é a de Iemanjá, que engloba as ondinas, as sereias, e outras entidades que habitam as águas.
- A terceira linha, do Oriente ou de São João Batista, é formada por médicos, sacerdotes, hindus, árabes, chineses e outras raças europeias.
- A quarta linha, de Oxóssi, é composta de caboclos – descendentes de índios, dominam os segredos da magia, dão passes e ensinam o uso de plantas medicinais.
- A quinta linha, a de Xangô, é comandada por São Jerônimo e trabalha com Santa Bárbara, caboclos e pretos velhos.
- A sexta linha é a de Ogum, ou de São Jorge, que é liderada por caboclos.
- A sétima linha é a africana ou de São Cipriano e trabalha com o povo africano em geral.

Os primeiros espíritos a "baixar" nos centros de umbanda foram os caboclos e os pretos velhos, seguidos das crianças, conhecidas como Erês, Ibejis ou Yori. Essas três "comunidades" representariam as raças formadoras do povo brasileiro – indígenas, negros, brancos europeus –, além de representar as três fases da vida – a criança, o adulto e o velho. Além disso, trazem arquétipos da pureza e da alegria da criança, da simplicidade e da fortaleza no caboclo, e da sabedoria e da humildade nos pretos velhos, mostrando o caminho para a evolução espiritual no corpo físico e na mente. A proposta da umbanda é produzir modificações existenciais que permitam melhoria na vida do ser humano.

O centro de umbanda e seus rituais

O culto nos centros de umbanda é dividido em sessões de consulta e desenvolvimento. Nas sessões de consulta as pessoas conversam com as entidades a fim de obter ajuda e conselhos para suas vidas, resolver problemas materiais ou espirituais. A sessão de consulta envolve "passes", energias fluídicas passadas através das mãos das entidades, simbolizando limpeza e bem-estar. O desenvolvimento trata do processo de desenvolvimento dos médiuns.

O centro de umbanda é também conhecido como templo, ou terreiro (como no candomblé). Em sua entrada é realizada uma sessão de defumação nas pessoas que desejam adentrar o ambiente sagrado – o incenso simboliza limpeza e proteção e geralmente é passado ao redor do corpo, queimando sujeiras espirituais. Ao fundo do salão fica disposto o "congá", lugar em que são colocados os "assentamentos" ou "ímãs" dos orixás e das falanges – ele é o centro de imantação do templo, pois é dali que emanam todas as vibrações. Esse é um ambiente de ordem, silêncio e concentração.

Jira é o nome do ritual que reúne os filhos de santo para a incorporação das entidades. Na maior parte dos centros de umbanda esse momento costuma ser de celebração – o ar se enche de energia e tem início a louvação: nuvens de incenso se desenrolam em todas as direções banhando os presentes, são ondas de limpeza e proteção. Para criar um campo energético favorável à atração de determinados espíritos, a grande maioria dos centros de umbanda utiliza o som de atabaques e cânticos, chamados "pontos de jira".

Os pontos cantados são preces. As letras e as músicas geralmente são simples e ritmadas, facilitando a concentração necessária para a incorporação. Esses pontos são como mantras que evocam determinadas energias e servem para trazer as entidades e para se despedir delas. Os pontos riscados são desenhos feitos pelas entidades incorporadas e possuem função mágica, podendo ter significados diferentes. Cada entidade possui um "ponto riscado" que a identifica.

O babalorixá é o sacerdote e líder de um centro de umbanda. Versão mais elaborada do pajé, ele acumula a experiência espiritual à manipulação das forças ocultas. Sua vestimenta ritualística é sempre branca, cor que é símbolo da paz e do amor. De acordo com a umbanda, o branco também induz nosso pensamento à introspecção e nos eleva à espiritualidade das esferas superiores. Administrativamente ele é o responsável maior por tudo o que acontece no centro, desde a quantidade de médiuns e o número de pessoas a serem atendidas até problemas a serem resolvidos – em um centro de umbanda ninguém faz nada sem a sua prévia autorização. Ele também conta com a ajuda de muitas pessoas na administração, cada uma delas com uma função específica. Seus auxiliares são chamados "cambonos".

Na umbanda a ligação entre os seres vivos e os espíritos é feita por intermédio de pessoas consideradas clarividentes, os médiuns. Com poderes sensitivos, eles "recebem" os espíritos e "transmitem" suas mensagens aos vivos. Os médiuns possuem várias classificações, de acordo com sua mediunidade, ou seja, pela mecânica da incorporação: pela vidência, pela audiência ou pela psicografia, a escrita movida por influência de espíritos. Esse compromisso de servir como um instrumento de guias ou entidades espirituais superiores exige muito estudo. Além disso, o médium deve prezar sua elevação moral e espiritual, respeitar os guias e orixás, ser assíduo e ter compromisso com o centro de que faz parte, ter caridade em seu coração, amor e fé em sua mente e espírito, e saber que a umbanda é uma prática que deve ser vivenciada no dia a dia e não apenas no templo. Ser médium é, antes de tudo, ter a oportunidade de praticar o bem. Os "passes" nas sessões de consulta são dados através das mãos dos médiuns.

Em viagem... na cidade de São Paulo

Decidi que visitaria um centro de umbanda em São Paulo. Além de conhecer o ambiente e seus personagens, eu me defrontaria com a veracidade dessa conduta. Não precisei esperar muito. Certa manhã recebi um telefonema da minha prima Lia, com quem não conversava há mais de um ano. Depois de colocarmos em dia as novidades de nossas vidas, contei a ela minha intenção de visitar um centro de umbanda – queria fazer pesquisa de campo, o que, sem dúvida, enriqueceria o conteúdo do meu trabalho. Eu tinha esquecido completamente que a Lia, há anos, frequenta o Centro Espírita do Zé do Bem, local em que já presenciou curas extraordinárias. Impressionada com aquela coincidência, marquei de ir com ela na segunda-feira seguinte, dia de reunião no centro. Essa visita marcou a minha introdução à umbanda

Xangô Chuva de Raio

Paulinho

Cabocla Jurema

Ogum 7 Estradas

Luizinho

Ogum Serenada

Exú Barão

Maria Quitéria

Exú da Capela

A umbanda se propõe a produzir modificações existenciais que permitem a melhoria de vida do ser humano.

O Centro Espírita do Zé do Bem, um centro de umbanda no bairro do Brooklin, congrega mais de quatrocentos seguidores e realiza um amplo trabalho de apoio na recuperação de doentes e dependentes químicos. O líder espiritual do centro, José Maurício Machline, possui um longo histórico espiritualista, que descobri depois de ler seu livro *Eu não acredito em religiões* – um relato simples e sincero sobre sua vida e seu desenvolvimento como médium. A entidade Zé do Bem, preto velho incorporado por José Maurício há 29 anos, discretamente comanda os trabalhos e escolhe os 15 médiuns que participarão dos atendimentos.

Quem visita o centro pela primeira vez em uma segunda-feira é encaminhado para o atendimento direto com Zé do Bem. Espero na fila pelo momento de conversar com ele. Sentado em uma poltrona, segurando sua bengala, ele foca em mim o seu olhar quando me aproximo e pergunta por que eu estou visitando a sua casa. Tentando ser objetiva, vou logo contando que estou escrevendo um livro sobre religiosidade brasileira e fui até lá em busca de conhecimento.

Sou encaminhada a um médium alto, forte, que me acolhe com carinho. Sinto suas mãos sobre a minha cabeça, atuando no chacra coronário e me transmitindo calor e proteção. Ele descreve à minha volta movimentos circulares, fortes, determinados, parecendo limpar fluidos negativos presentes em minha aura. Sinto-me muito bem e retorno ao meu lugar, ao lado de Lia. Ela me passa confiança e conforto.

Alguns dias mais tarde, entrevistando José Maurício Machline, pergunto como ele se sente diante das curas – que são muitas – realizadas em seu centro. Ele responde: "Aprendi ao longo de todos esses anos que não podemos falar em 'milagres', o mérito da cura é do paciente, que por seu empenho e a força de sua fé capta energias transformadoras em sua vida. Nós, médiuns, somos apenas canais retransmissores, como rádios bem sintonizados, seres humanos bem preparados".

Comemoração do Dia Nacional da Umbanda – São João do Meriti, Rio de Janeiro

15 de novembro

Um projeto de lei de 2010 propunha a oficialização do dia 15 de novembro no calendário religioso brasileiro, dia já celebrado como o da fundação da umbanda, tendo por base e justificativa o direito constitucional à liberdade de crença e ao livre exercício dos cultos religiosos. Promulgada em 16 de maio de 2012, a Lei nº 12.644 instituiu o Dia Nacional da Umbanda e foi assinada pela Presidência da República, pela Secretaria de Políticas de Promoção da Igualdade Racial e pelo Ministério da Cultura.

Em São João do Meriti, na Baixada Fluminense, desde 2007, o Movimento Umbanda do Amanhã (MUDA) se reúne na Casa de Cláudia para uma sessão festiva no dia 15 de novembro: vindos de 15 terreiros de diversos municípios, mais de quatrocentos umbandistas se unem para fortalecer a religião e confirmar a sua missão de irmanar todas as raças e classes sociais em uma grande corrente de amor, cura e caridade espiritual, como proposto em 1908 por Zélio Fernandino de Moraes, Caboclo das Sete Encruzilhadas e Pai Antônio.

Localização: Rua Maria Emília, 136, Centro, São João do Meriti, RJ • Tel.: (21) 2656-6765
Horário de funcionamento: De quarta a sexta, às 19h
Para saber mais: <www.casadeclaudia.com.br>
Para outras informações: <www.casadeclaudia.com.br/contato> e <facebook.com/casadeclaudia>

Os santos negros

Ciente de seu papel na estruturação da sociedade, a Igreja Católica se desdobrou em ações para inserir "homens de cor" entre as centenas de santos que habitam o seu universo. Não é de estranhar, portanto, que os missionários – franciscanos, carmelitas, jesuítas – tenham ido buscar na ancestralidade africana figuras exemplares que demonstrassem aos escravos que os negros também tinham direito à evangelização e à salvação cristãs.

Nomes como Santo Elesbão, São Baltazar, Santo Antonio de Categeró, a escrava Anastácia e nhá Chica, recentemente beatificada, são alguns dos santos negros que frequentam os oratórios de muitos devotos no Brasil. A resignação que demonstraram perante os desígnios de Deus deveria ser um espelho para seus devotos, e a devoção a esses santos negros ganharam imensa popularidade no século XVIII. Suas histórias foram registradas e difundidas no Brasil pelos missionários, como forma de catequese.

São Benedito: O nosso "santinho preto"

O mais conhecido deles, São Benedito, une-se aos anteriores como exemplo de vida – é o candidato eleito como servo fiel do cristianismo. Cultuado em outros países como o Santo Mouro ou São Benedito, o Preto, era filho de escravos africanos e nasceu na Itália por volta de 1526. Não sabia ler nem escrever e desde pequeno manifestou vocação para o isolamento. Sofreu inúmeras discriminações e, ainda assim, tornou-se conhecido pela piedade e pelo apego às penitências. Ao ingressar na Ordem Franciscana foi para o convento de Santa Maria de Jesus, onde operou milagres e morreu em 1589. Seu corpo permanece exposto no convento italiano.

A devoção a São Benedito chegou até nós vinda da África. Frades franciscanos italianos, em missão evangelizadora naquele continente, haviam levado até lá a devoção ao santo negro. A história da vida de São Benedito e de seus milagres ganhou espaço nas terras do Vale do Paraíba, região que concentrava muitos escravos africanos nas lavouras de café. Ao contrário dos outros santos que habitam oratórios, São Benedito mora nas cozinhas de muitas casas brasileiras e recebe, com respeito, a primeira xícara de café do dia. Bom conselheiro, considerado íntimo da família e forte intercessor nos momentos difíceis, esse santo caseiro, humilde cozinheiro, consegue reunir em um só evento as muitas características da fé do nosso povo: religiosidade, música e dança. A cidade de Guaratinguetá foi a primeira a celebrar São Benedito, e logo Aparecida do Norte seguiu a sua vizinha.

Em viagem...

Um friozinho danado cortava a madrugada no dia em que nos dirigimos a Aparecida do Norte. Desenhada no azul-escuro do céu, a lua minguante parecia recriar a meia-lua dos mouros, homenagem às origens de São Benedito, filho de escravos descendentes de mouros, capturados na África. Ao romper a alvorada estoura o primeiro rojão, depois outros mais em solene cadência, dando início à festa do muito amado "santinho preto".

O ritmo vigoroso e cadenciado dos grupos tomou conta da cidade. Reis, rainhas, capitães e dançadores, obedecendo a antigas tradições africanas, serpentearam pelas ladeiras da cidade celebrando o seu santo protetor – uma demonstração de respeito e fé que poucas vezes presenciei. Esse mix colorido de dança, música e religiosidade resulta em um verdadeiro clamor de fé, renovado a cada um dos mais de cem anos de celebração dessa festa.

Festa de São Benedito – Aparecida do Norte, São Paulo

Data varia a cada ano (festa móvel)

Consagrado pela tradição popular como patrono dos cozinheiros e dos pobres, São Benedito, antes mesmo de ser canonizado, já tinha muitos devotos no Brasil. Sua festa litúrgica apresenta diferentes datas e características, conforme a região: no Sudeste ela é celebrada em outubro; no Nordeste, em julho; no Espírito Santo, em dezembro.

As comemorações a São Benedito em Aparecida do Norte não seguem o calendário litúrgico da região Sudeste – em outubro a cidade celebra Nossa Senhora da Conceição Aparecida, a padroeira do Brasil. Para festejar São Benedito, na segunda-feira após o domingo de Páscoa tem início a novena rezada à noite na Igreja de São Benedito. A festança é programada durante o ano todo por uma equipe da Comunidade de São Benedito, liderada pelo rei e pela rainha, que são escolhidos na festa do ano anterior.

Geralmente os dias consagrados aos santos são comemorados no dia de sua morte – no caso de São Benedito, o dia 4 de abril –, mas nem sempre isso ocorre. Em Aparecida do Norte a celebração pode acontecer em datas próximas, mas, seja qual for o dia marcado, o recolhimento durante as missas é invadido pelo som das congadas e moçambiques que participam da festa.

O "noivado" de São Benedito e Santa Rita

No ano de 1874, o capelão da Igreja de Nossa Senhora Aparecida comprou uma bela imagem de São Benedito e a "instalou" na loja conhecida como Casa da Arara, de propriedade do português João Vieira. Havia nessa loja um cofre em que os devotos do santo depositavam contribuições para a futura fundação da Irmandade de São Benedito.

Em 1906 a imagem de São Benedito foi convidada a se "hospedar" na Igreja de Santa Rita, onde permaneceu até que sua própria igreja fosse construída alguns anos mais tarde. Até hoje, todos os anos, por ocasião da Festa de São Benedito, uma procissão vai "em busca de Santa Rita", isto é, a imagem do santo vai pessoalmente buscá-la em sua igreja para que ela assista, junto a ele, o desenrolar de sua festa. Uma cortesia entre santos, apenas isso, apesar de o imaginário popular inventar que eles teriam sido compadres e até noivos!

Congadas e dançadores

Congadas e moçambiques se anunciam de longe, com a batida de suas caixas e tambores ecoando pelo Vale do Paraíba. Ao se aproximarem, o apelo é irresistível: fitas coloridas esvoaçantes, lenços brancos amarrados à moda africana, colares e rosários cruzados ao peito e o som estimulante das caixas, dos reco-recos e dos paiás – em Aparecida do Norte os guizos são substituídos por latinhas cheias de pequenas pedras amarradas aos tornozelos, que se transformam em poderosos instrumentos de percussão na hora das danças.

O prólogo da Festa de São Benedito acontece com a chegada dos dançadores. Eles vêm pedir a Nossa Senhora Aparecida suas bênçãos e a permissão para celebrar São Benedito. Na imensidão da basílica, ao som de tambores e guizos, desfilam reis, rainhas, princesas e capitães – a retomada dos folguedos, trazidos pelos escravos durante o período colonial, sobrevive até nossos dias. Seus movimentos baseiam-se em usos e costumes tribais do Congo, de Angola e de Moçambique, com influências ibéricas em seu conteúdo religioso.

A procissão do mastro

O passo seguinte diz respeito à procissão do mastro que será erguido próximo à Igreja de São Benedito – um dos importantes rituais da festa. "Tudo obedece a tradições muito antigas", revela o professor e pesquisador José Felício Goussain Murade: "O mastro é um tronco de eucalipto de aproximadamente 15 metros, que deve ser cortado em meses cujo nome não tenha a letra R. Ele recebe uma camada de óleo queimado, depois é pintado nas cores azul (símbolo do céu), verde, branco e amarelo, com desenhos de flores, luas e estrelas. Na ponta do mastro são colocadas uma bandeira com a imagem de São Benedito e uma coroa, referência à santidade de São Benedito. Simbolicamente, o mastro é a ligação entre o céu e a terra".

Sob o peso do mastro, pés se arrastam, até que alguém grita: "Que viva São Benedito!". A esse brado a energia se renova e a multidão responde vigorosa: "Viva!". Reis e rainhas do congo seguem a procissão, arrastando suas capas reais. Dançadores e músicos encorajam a multidão. E assim a distância vai sendo vencida, entre demonstrações de fé, muita música e "vivas" ao santo.

Na praça, cresce a expectativa. A batida das caixas anuncia que a procissão se aproxima. Os "guardiões do mastro" abrem passagem entre o povo. Antes do levantamento no local já definido, o vigário paroquial abençoa o mastro. E quase com certeza lá em cima estará São Benedito, abençoando todos os presentes...

Em meu último dia na festa de São Benedito encontrei Caveirinha. Entre tantos dançadores de congadas, ele me chamou a atenção pelo lenço de tachas prateadas que levava à cabeça, o alegre brilho nos olhos e o largo sorriso. Era também o único dançador de pés descalços: seus paiás, amarrados nos tornozelos, marcavam com força especial o som ritmado da congada.

Seguidor da tradição que passa de pai para filho na família, Caveirinha é dançador de congada há mais de dez anos. Nesse tempo enfrentou sérios "acidentes de percurso" e sentiu falta da orientação certeira do avô e do pai, já falecidos. A congada chegou a tempo e ensinou Caveirinha a respeitar o "solo sagrado" e nele pisar sem os sapatos. E ele assim o faz.

Não perca...

... EM APARECIDA DO NORTE – FESTA DE SÃO BENEDITO

Desfile da Cavalaria de São Benedito

Tradição trazida da Europa pelos portugueses no século XVIII, o cortejo de cavalos é praticado ainda hoje pelas irmandades e associações religiosas. Há formações de cavalaria em Guaratinguetá, Lorena e Aparecida do Norte. Os cavaleiros, que se vestem de branco e carregam um cravo na lapela, são responsáveis por manter a disciplina durante o cortejo. Em Aparecida, mais de mil cavalos desfilam sob os aplausos da multidão. Na Festa de São Benedito, o desfile da cavalaria acontece em seguida ao levantamento do mastro.

Para outras informações: Associação Cavalaria de São Benedito de Aparecida (ACASBA): <cavalariasb.aparecida@hotmail.com>

Os bonecos gigantes

Na semana que antecede o grande dia das comemorações a São Benedito há gincanas escolares e de motos, leilões de gado, comes e bebes nas barracas espalhadas em volta da igreja. É o lado profano da festa. E, no meio de tudo isso, lá vem o casal de bonecos gigantes João Paulino e Maria Angu, causando "frisson" na criançada. "Importada" de São Luís de Paraitinga, a família dos bonecos de Dora Chagas continua a crescer com a chegada de outros personagens.

Para outras informações: sabordevida@tvaparecida. com.br • Tel.: (12) 3104-4400, com Dora Chagas | <http://paroquiadeaparecida.com.br/saobenedito/contato/> e <nsaparecida@redemptor.com.br>

O mistério das virgens negras

Uma pergunta paira no ar dentre aqueles que se deparam pela primeira vez com a imagem de Nossa Senhora da Conceição Aparecida, a padroeira do Brasil: "Por que a santa encontrada no rio Paraíba tem a pele tão escura? Será ela negra?".

Como a Nossa Senhora de Czestochowa, a virgem negra da Polônia, objeto de devoção do papa João Paulo II e de tantos poloneses, imagens de virgens negras são populares no Velho Mundo. Conta a tradição que muitas dessas estátuas foram encontradas ao acaso, na natureza, em subterrâneos úmidos ou grutas, sempre próximas a uma fonte. Assim aconteceu com a Notre-Dame du Puy e a Notre-Dame de Chartres, na França, e também com a Virgem de Montserrat, na Espanha, somente para citar alguns exemplos. A cada achado invariavelmente se repetia a mesma lenda: deslocadas para um abrigo mais seguro, elas sempre voltavam ao lugar do "encontro", até que lhes construíssem uma "morada" em que pudessem produzir seus milagres.

Durante a Idade Média, os altares dedicados às virgens negras na Europa eram os mais procurados e venerados, por seu intenso poder de transformação e de cura. Os místicos acreditam que essas pequenas imagens – em geral não ultrapassam os setenta centímetros –, talhadas deliberadamente em material escuro – madeira ou ébano –, seriam associadas a cultos antiquíssimos voltados às divindades femininas em períodos anteriores ao cristianismo. As virgens negras evocam memórias ancestrais do culto à Mãe Terra, também conhecida no paganismo como deusa da fertilidade, fonte da vida, referência ancestral ao sagrado poder feminino.

Quando o cristianismo na Europa alcançou seu apogeu, as virgens negras tornaram-se tema predominante na literatura mística, impulsionando a construção de inúmeras catedrais. Em um espaço de três séculos, entre os anos de 1050 e 1350, a França extraiu de seu solo milhões de toneladas de pedras para construir oitenta catedrais, a maior parte delas dedicada à Notre-Dame (Nossa Senhora).

A origem dessas virgens negras transformou-se em apaixonante polêmica entre estudiosos de todo o mundo. Seriam elas uma herança das antigas deusas da mitologia greco-romana, já que as religiões mediterrâneas anteriores ao cristianismo adoravam divindades femininas? Haveria um parentesco das virgens negras com a Mãe Celta dos druídas, povo profundamente arraigado na antiga Gália? O próprio nome Notre-Dame não seria uma referência à Grande Deusa? Seriam elas antigas estátuas trazidas do Egito e da Palestina pelos cruzados, de quem a Virgem Maria era protetora? Teriam escultores religiosos reproduzido essas imagens com características e trajes cristãos, preservando a cor negra? Essas perguntas pairam no tempo sem respostas convincentes. Apesar de toda essa polêmica, as virgens negras continuam sendo objeto de devoção extrema na Europa, reunindo peregrinos de todas as partes do mundo.

A virgem negra portuguesa – Nossa Senhora de Nazaré

A história dessa imagem é contada pelo milagre ocorrido na região que formou o município de Nazaré, litoral oeste de Portugal. Ao perceber que cairia no abismo junto ao mar, dom Fuas Roupinho teria invocado Nossa Senhora por ter notado que estava próximo a uma gruta em que havia uma imagem muito antiga, levada da Espanha para Portugal por um monge no ano de 711.

Para os portugueses, a devoção a Nossa Senhora da Nazaré, como passou a ser chamada, tem início na antiga tradição cristã do primeiro século. A imagem teria sido esculpida em madeira por São José na cidade de Nazaré, na Galileia, e pintada mais tarde por São Lucas. Abrigada em um mosteiro na Espanha no século V, lá permaneceu até ser levada a Portugal pelo monge, que construiu um pequeno altar no interior da gruta. Essa imagem é uma virgem negra com 25 centímetros de altura e representa Maria sentada em um banco enquanto amamenta Jesus. São Lucas teria pintado os rostos e as mãos de mãe e filho com cor escura anos mais tarde. Em 1609, o primeiro registro da origem da imagem foi encontrado em uma escritura de doação de terra do tempo de dom Fuas Roupinho, em que se menciona a devoção a essa imagem na cidade de Nazaré desde o início do cristianismo. A partir dessa descoberta a imagem passou a ser chamada Nossa Senhora de Nazaré, dando origem ao nome da cidade.

Historiadores portugueses, responsáveis pela documentação nacional, contestam a existência da escritura de doação de terra e o registro sobre a origem da imagem. Contestam ainda a existência do próprio cavaleiro, pois não há nenhum manuscrito que a confirme, e sobre a imagem mencionam o trabalho possivelmente datado dos séculos XIV e XV, obra de uma oficina regional. No dizer de Pedro Penteado, um dos historiadores, esses fatos nos levam a uma das mais belas lendas portuguesas. Mesmo assim, ao longo de oito séculos permanece a devoção à imagem, e o Santuário de Nossa Senhora de Nazaré continua recebendo muitos fiéis todos os anos. Essa imagem é cultuada apenas no santuário – em setembro. A imagem que acompanha o Círio da Prata Grande é uma representação de Nossa Senhora de Nazaré clara, em pé, carregando Jesus em um dos braços. Uma cópia dessa segunda imagem chegou ao Brasil e originou o culto no Pará.

A virgem negra brasileira – Nossa Senhora da Conceição Aparecida

No Brasil, o destino trouxe até nós uma virgem negra perdida nas profundezas do rio. A explicação da Igreja Católica é que a imagem, por ter passado tanto tempo submersa nas águas barrentas do rio Paraíba, adquiriu a cor escura que apresenta hoje. Além disso, afirma que a cor deve-se, também, à fuligem produzida pelas chamas das velas, lamparinas e candeeiros acesos por seus devotos.

O arcebispo de Aparecida e presidente da Conferência Nacional dos Bispos do Brasil (CNBB), dom Raymundo Damasceno, nos diz: "Ela parece negra, mas não é. Essa é uma leitura missionária que encontrou na cor escura uma maneira de se solidarizar com o povo escravo". E acrescenta: "Nossa Senhora Aparecida é um fator de integração racial, reunindo devotos de todas as cores e condições sociais". Penso que a Nossa Senhora encontrada nas águas consolidou-se como ícone negro de nossa religiosidade, deixando um recado bem claro: brancos e negros, todos somos irmãos aos olhos do Senhor.

Em viagem...

Eu tinha seis ou sete anos quando visitei pela primeira vez Aparecida do Norte, na companhia da minha mãe, e guardo recordações inesquecíveis daquele dia. Lembro que saímos de São Paulo antes de amanhecer – minha mãe adorava madrugar... – e, durante todo o tempo da viagem, permaneci com o nariz grudado na janela do carro, o olhar perdido na paisagem. A curva suave das montanhas, as propriedades rurais pontilhadas de casinhas primitivas, o brilho molhado dos telhados ao amanhecer do novo dia, o desenho inconstante das nuvens...

Naquele tempo o grande santuário não tinha sido construído, e as missas, sempre repletas de devotos, eram realizadas na "Basílica

Velha", belo templo em estilo barroco construído em substituição à capelinha primitiva, onde começou a devoção a Nossa Senhora Aparecida. Quando chegamos, o som do órgão indicava que a missa já havia começado. Nós nos sentamos.

Lá pelas tantas, distraída com as pinturas do teto, de repente vi a imagem de Nossa Senhora da Conceição Aparecida vestida com seu manto azul, ricamente bordado. Maravilhada com aquela visão, disparei em alto e bom som, quebrando o silêncio da Eucaristia: "Mamãe, no Carnaval você me compra uma fantasia igual à dela?".

O apertão que levei no braço nunca mais me deixou esquecer o vexame...

Nossa Senhora da Conceição Aparecida

Em outubro de 1717, um acontecimento extraordinário transformou a região. Tudo começou quando chegou a Guaratinguetá a notícia da visita do conde de Assumar, dom Pedro de Almeida e Portugal, governador da então Capitania de São Paulo, que a caminho de Vila Rica – atual Ouro Preto –, em Minas Gerais, faria uma parada na cidade.

Desejosos de oferecer ao ilustre visitante o melhor peixe da região, os pescadores Domingos Garcia, Felipe Pedroso e João Alves foram convocados pelas autoridades a lançar suas redes nas águas do rio Paraíba, pescando o que de melhor houvesse. Mas o dia não estava propício à pesca, e, depois de muitas tentativas em áreas diferentes do rio, eles chegaram à altura do local conhecido como porto Itaguaçu. Contam que João Alves lançou novamente a rede e, ao puxá-la, descobriu uma imagem sem cabeça. Intrigado, tentou novamente e, desta vez, pescou a cabeça da imagem. O pescador tentou unir o corpo à cabeça e, surpreso, viu que se ajustavam perfeitamente. Os três se benzeram e tiraram o chapéu em reverência, pois tinham reconhecido na imagem Nossa Senhora da Conceição, de quem eram devotos.

Os três continuaram a pescaria e para maior surpresa deles os peixes foram surgindo, e eram tantos que o peso ameaçava afundar a canoa. Felizes, decidiram levar o pescado à Câmara Municipal de Santo Antônio de Guaratinguetá, mas antes passaram pela casa de Felipe Pedroso para deixar o precioso achado aos cuidados de Silvana, irmã de Felipe. Ela guardou a imagem quebrada dentro de um baú, cuidadosamente enrolada em panos. A casa de Silvana abrigou a santa durante nove anos. Em 1726, Felipe Pedroso, único sobrevivente da pescaria milagrosa, herdou a imagem.

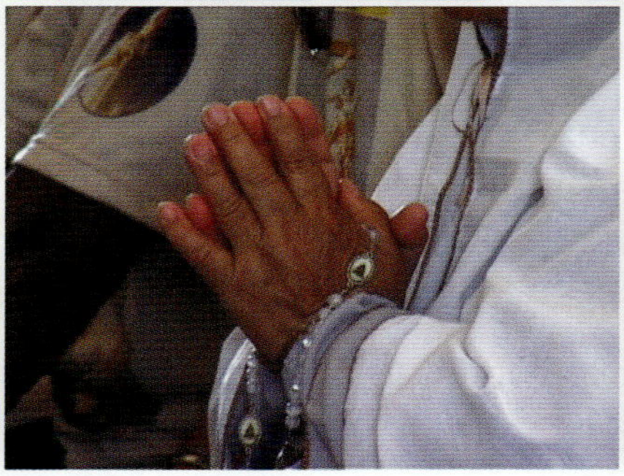
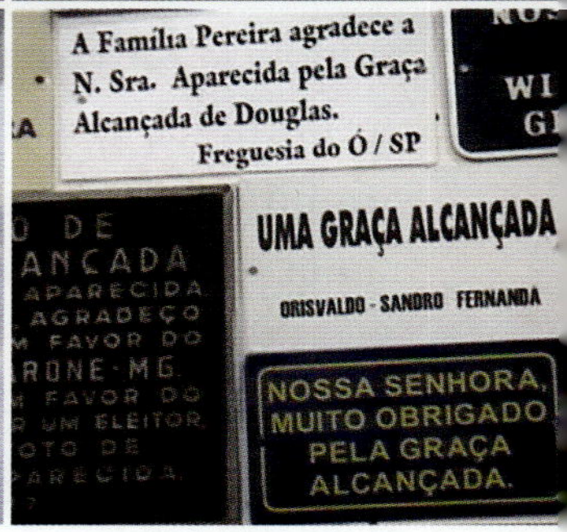

A devoção a Nossa Senhora Aparecida

Durante 15 anos a imagem permaneceu na residência de Felipe, onde as pessoas da vizinhança se reuniam para orar a Nossa Senhora da Conceição Aparecida, nome que recebeu por se referirem a ela como "aparecida" nas águas do rio. A devoção foi crescendo e muitas graças começaram a ser alcançadas. A fama do poder extraordinário da santa foi se espalhando pelas regiões vizinhas, e mais milagres começaram a acontecer.

Contam os antigos que, durante a reza do terço, muitos viam luzes que se acendiam e apagavam, sem intervenção humana. Até que, em uma tranquila noite de sábado, enquanto as famílias dos pescadores estavam reunidas em oração, as velas acesas no oratório, aos pés de Nossa Senhora, apagaram-se de repente. Não havia vento, nem mesmo uma brisa que explicasse o acontecido. Intrigados, todos se entreolharam, e uma das mulheres presentes foi à cozinha buscar uma chama. Mas isso não era preciso, as velas reacenderam sozinhas. Esse foi o primeiro milagre conhecido de Nossa Senhora Aparecida, ocorrido provavelmente por volta de 1733.

Desde então, a Imagem de Nossa Senhora da Conceição Aparecida peregrinou pelas casas de diversas famílias, até ser colocada no altar da igreja construída no alto do morro dos Coqueiros pelo padre José Alves Villela. Corria o ano de 1745. Nessa igreja, conhecida hoje como Basílica Velha, ela permaneceu 237 anos.

Tão crescente foi a devoção a Nossa Senhora Aparecida que chegou a ser presenteada com uma coroa de ouro pela princesa Isabel e, em 1904, a imagem foi solenemente coroada Rainha do Brasil. Foi proclamada Padroeira do Brasil em 1930, e sua festa, antes celebrada no dia 7 de setembro, passou a ser comemorada em 12 de outubro a partir de 1953. Dois anos depois, época em que a nova basílica começou a ser construída, Aparecida recebia anualmente 200 mil pessoas; hoje, mais de 9 milhões de pessoas a visitam todos os anos.

O Santuário de Nossa Senhora da Conceição Aparecida tornou-se o maior centro de devoção mariana do mundo, acolhendo a homenagem e a gratidão dos peregrinos que vêm de todas as partes do Brasil, em uma demonstração comovente de fé e esperança.

Festa da Padroeira do Brasil – Aparecida do Norte, São Paulo

12 de outubro

Com missas desde as primeiras horas da manhã, celebrações que são realizadas até o período noturno, Aparecida do Norte recebe em média 150 mil pessoas no dia dedicado à padroeira do Brasil. Atendendo a um pedido do papa Francisco, devoto de Nossa Senhora Aparecida, o Santuário Nacional passou a fazer a oração do terço em rede com outros santuários marianos no mundo, entre eles o de Nairóbi, no Quênia, o de Vailankanni, na Índia, e o de Akita, no Japão.

Com emoção e muito orgulhosos de sua virgem negra, a multidão de devotos percorre as principais ruas da cidade de Aparecida acompanhando o andor florido da padroeira do Brasil. Lábios sorridentes, covinha no queixo, penteado, flores em relevo e um broche com três pérolas caracterizam a imagem do século XVII, que mais tarde passou a portar coroa de ouro e manto azul-marinho trabalhado.

Pelas características da imagem os especialistas atribuem sua autoria ao frei beneditino Agostinho de Jesus. Considerado um dos primeiros escultores brasileiros, estudos confirmam que a argila com que foi modelada pertence à região paulista de Santana do Parnaíba, onde na época havia o mosteiro dos beneditinos em que o frei Agostinho passou boa parte de sua vida.

Os milhares de pessoas que a acompanham na procissão procuram demonstrar sua fé e o amor que dedicam a essa santa "aparecida" nas águas. Graças recebidas, pagamento de promessas, pedidos de ajuda – sempre certos de sua proteção, confirmam sua devoção a Nossa Senhora Aparecida concentrados em passos e orações. A procissão solene retorna então à basílica para o encerramento da programação do dia, com fogos de artifício, muita música e alegria no coração.

Para saber mais: <www.santuarionacional.org.br> e <www.a12.com>

Para outras informações: <www.a12.com/santuario-nacional/contato>

Não perca...
... EM APARECIDA DO NORTE – FESTA DA PADROEIRA DO BRASIL

Museu Nossa Senhora Aparecida

No início com acervo diversificado, atualmente o museu expõe uma mostra de longa duração intitulada Rainha do Céu, Mãe dos Homens: Aparecida do Brasil. A exposição mostra aspectos da devoção a Maria e especificamente a Nossa Senhora Aparecida. As duas rosas de ouro ofertadas pelos papas Paulo VI e Bento XVI estão expostas. Antes presenteadas a pessoas da realeza e personalidades católicas de destaque, Nossa Senhora em algumas de suas invocações também passou a recebê-las.

A exposição conta também um pouco da história do Santuário Nacional. Uma seleção de objetos representativos de suas coleções está abrigada na seção "O museu e suas histórias".

Localização: Avenida Doutor Júlio Prestes, s/n, Ponte Alta, Aparecida do Norte, SP • Tel.: (12) 3104-1505 | (12) 3104-3403

Horário de funcionamento: De segunda a sexta, das 9h às 16h30 | Sábado, das 7h às 17h | Domingo, das 7h às 15h30

Para outras informações: <museunsa@santuarionacional.com>

Caminho da Fé, um projeto que nasceu "abençoado"

"Eu fiz o Caminho de Compostela por duas vezes, gosto de caminhar e senti que muita gente, como eu, também gostaria de fazer essa introspecção, essa meditação."

Almiro Grings, empresário

"Em Compostela, admiramos a marca da mão do Homem, a construção de belas catedrais e mosteiros. No nosso Caminho da Fé admiramos a beleza da natureza – a marca da mão de Deus."

Aparecida de Lourdes Dezena Cabrelon, líder comunitária

Esses dois personagens, cada um deles com sua motivação, idealizaram um caminho que levasse peregrinos de sua cidade, Águas da Prata, no interior do estado de São Paulo, ao Santuário Nacional de Aparecida do Norte, no Vale do Paraíba.

Almiro via o desafio da caminhada e o conforto espiritual, Aparecida de Lourdes, a fé em sua madrinha, Nossa Senhora Aparecida. O projeto nasceu "abençoado". Amigos aderiram à equipe criativa, mapearam estradas, conseguiram o apoio das prefeituras nos locais de passagem, sinalizaram com setas amarelas as curvas, bifurcações, desvios, pedras, placas e muros. Hoje, o Caminho da Fé Tambaú-Águas da Prata Aparecida do Norte conduz quase 5 mil peregrinos por ano, ao longo de aproximadamente quinhentos quilômetros, cruzando trechos da serra da Mantiqueira no estado de Minas Gerais, atravessando vilarejos, bosques e fazendas – uma jornada espiritual por belos cenários naturais.

Algumas histórias revelam fatos misteriosos ocorridos na elaboração desse Caminho da Fé: contam que um peregrino que acompanhava o grupo na inauguração do Caminho da Fé em Águas da Prata teve uma "revelação" – ele viu um padre se encontrando com Nossa Senhora Aparecida e indicando a ela o Caminho de Tambaú, outro importante centro de romaria do interior paulista. Essa "visão", interpretada como uma interferência do padre Donizetti – por 35 anos vigário em Tambaú e cujo processo de beatificação está em andamento no Vaticano –, trouxe a consolidação de um novo eixo religioso do Caminho da Fé Tambaú-Aparecida do Norte.

Oficializado esse novo trecho do trajeto, a cidade de Tambaú tornou-se o marco zero do Caminho da Fé no Brasil. Embora mais tarde outras cidades tenham se somado à rota Tambaú-Aparecida do Norte, esses dois pontos do mapa do estado de São Paulo estarão permanentemente ligados por seu passado de fé e religiosidade.

Nascido em Cássia, Minas Gerais, em 3 de janeiro de 1882, o padre Donizetti Tavares de Lima vinha de uma família de eruditos e aprendeu, desde cedo, a transcendência da música e a devoção à Nossa Senhora Aparecida, que o acompanharam por toda a vida.

Em 1926 padre Donizetti assumiu a paróquia de Tambaú, trazendo consigo dons espirituais extraordinários que transformaram o município em cenário de importantes fenômenos religiosos. Conhecido por suas curas, ele atraía à cidade centenas de visitantes que vinham em romaria buscar seus conselhos, suas bênçãos, seus milagres, os quais ele creditava a Nossa Senhora Aparecida, afirmando ser apenas um instrumento de Deus.

A casa em que ele viveu, e onde morreu em 1961, foi transformada em um pequeno museu que abriga seus móveis, seus instrumentos musicais, sua biblioteca e os ex-votos que comprovam seus milagres.

Caminho da Fé: Tambaú-Águas da Prata-Aparecida do Norte, São Paulo

Durante todo o ano

Local de peregrinação muito visitado na cidade de Tambaú, o túmulo de padre Donizetti nunca está vazio. Ajoelhado em frente a ele, Antonio Moreira, carpinteiro, conta que já percorreu o Caminho da Fé: Tambaú-Águas da Prata-Aparecida do Norte quatro vezes. Ele caminha quarenta quilômetros diários para cobrir, em 12 dias, a distância total de 430 quilômetros. E, timidamente, confessa: "No início era um sonho, depois se tornou uma promessa. Hoje, eu faço por prazer, não vejo a hora de botar o pé na estrada caminhando ao lado da Mãe, chegar lá e encontrar a Graça Maior".

Há diversos ramais do Caminho da Fé até o Santuário Nacional de Aparecida do Norte: São Carlos, Cravinhos, Tambaú, Águas da Prata – o trajeto mais longo tem 541 quilômetros, ou 18 dias de caminhada; o mais curto, partindo de Águas da Prata, tem 322 quilômetros, um percurso com duração de 13 dias. Depois de fazer a inscrição, cada peregrino recebe um mapa, e sua credencial é carimbada em cada uma das paradas. Como em novembro de 2013 o Caminho da Fé foi oficializado como um dos roteiros do programa Caminha São Paulo, da Secretaria de Turismo do Estado de São Paulo, em breve a rota adotará a sinalização e o sistema de registro dos demais roteiros.

A Associação dos Amigos do Caminho da Fé não forma grupos. Nas palavras dos organizadores, "o peregrino é livre para escolher a forma de caminhar", mas recomenda-se, "se possível, não caminhar sozinho".

Localização: Avenida Washington Luiz, 347, Centro, Águas da Prata, SP • Tel.: (19) 3642-2751 Associação dos Amigos do Caminho da Fé (AACF)

Horário de funcionamento: De segunda a sexta, das 9h às 18h | Sábado, das 8h às 12h

Para saber mais: <www.caminhodafe.com.br>

Para outras informações: <contato@caminhodafe.com.br> e <caminhodafe@yahoogrupos.com.br>

Sertãozinho
Dumont
Cravinhos
São Simão
Santa Rosa de Viterbo
Mococa
São José
do Rio Pardo
Divinolândia
Santa Rita
do Passa Quatro
Casa Branca
Itobi
São Sebastião da Grama
Vargem Grande do Sul
Descalvado
Porto Ferreira
São João da Boa Vista
Aguaí
São Carlos
Serra dos Lima
Tambaú
SÃO PAULO
Andradas

Águas da Prata
MINAS GERAIS
Inconfidentes
Paraisópolis
Barra
Crisólia
Ouro Fino
Borda da Mata
Tocos do Moji
Estiva
Aparecida
Luminosa
Campista
Campos do Jordão
Piracuama
Pindamonhangaba
Consolação

Os santos mais populares no Brasil

Desde o século XI, época em que passou a canonizar os primeiros santos, a Igreja Católica busca direcionar a devoção dos fiéis a essas figuras veneráveis. Os santos têm sido associados a demandas populares por curas milagrosas, aos medos e às esperanças. Com a chegada dos portugueses, a tradição das devoções aos santos enraizou-se muito cedo no Brasil. Em Portugal, cada corporação de mestres de ofícios diversos e seus aprendizes contava com a proteção de um santo, eram criadas confrarias, erguiam-se capelas ao padroeiro. Muito dessa tradição se perpetuou no Brasil. Aí vão alguns exemplos: São Miguel era protetor dos ferreiros; São Crispim, dos sapateiros; São José, dos pedreiros e carpinteiros; São Lucas, dos pintores; Santa Cecília, dos músicos; Santa Catarina, dos livreiros. E por aí vai. Há muitas variações regionais e também temporais – a devoção a certos santos varia de tempos em tempos.

Em seus registros oficiais, a Igreja Católica conta mais de 6.500 santos... Dentre tantos, escolhi apenas sete para ilustrar este episódio. Sete personagens cuja trajetória de vida, pensamentos, obras e milagres os transformaram nos santos mais populares no Brasil.

Histórias de santos

No século VIII, época de lutas entre cristãos e árabes, era preciso encontrar um mito em quem depositar as esperanças cristãs e materializar suas vitórias. Surgiu então, no campo de batalha, a figura do apóstolo Tiago, transmutado em valente guerreiro – Santiago Matamouros –, que ajudou os cristãos a expulsar os mouros da península Ibérica e, assim, é representado nas igrejas da Espanha.

A figura de são Francisco de Assis, símbolo da pobreza virtuosa, surgiu durante o século XIII, momento em que a Igreja Católica vivia um período de fausto e riqueza, distanciada dos pobres e dos famintos que chegavam em grandes contingentes às cidades em crescimento.

Em 1996, segundo fontes do Vaticano, o papa João Paulo II cogitou transformar santo Isidoro de Sevilha em protetor da internet e de seus usuários. Teólogo, matemático e doutor da Igreja, Isidoro viveu no século VII na Espanha e escreveu a primeira enciclopédia do mundo – a *Etymologiarum libri viginti* –, que incluía registros de medicina, matemática, história e teologia.

São Judas Tadeu: O santo das causas impossíveis

Celebração em 28 de outubro

"Ele chamou para si os seus discípulos, e deles escolheu 12, a quem chamou de apóstolos" (Lc 6, 13). A esses escolhidos Jesus ensinou, instruiu e orientou até o dia de sua morte. Depois, pela unção do Espírito Santo, os fez compreender sua missão grandiosa: expandir a fé cristã, divulgando a palavra do Senhor. Imbuídos de uma força extraordinária e fé inabalável, eles constituíram uma nova raça destinada a plantar na terra o reino de Deus. Judas Tadeu foi um desses homens.

Histórias bíblicas

Nascido na Galileia, Judas era filho de Alfeu e Maria Cleofás. Seu pai era irmão de São José e sua mãe, prima-irmã de Maria; portanto Judas era primo-irmão de Jesus por parte de pai e de mãe. Eles formavam um núcleo familiar muito próximo a Jesus, e era natural que Judas se tornasse seu discípulo. Ele o acompanhava, esteve presente na Santa Ceia, participou do Pentecostes junto com os outros apóstolos. E, como eles, adquiriu a inexplicável força, misto de ousadia e fé, com que proclamavam suas crenças.

Depois da Morte e da Ascensão de Cristo, Judas pregou na Galileia, tomou parte no primeiro Concílio de Jerusalém e continuou seu trabalho na Síria, na Armênia e na Mesopotâmia, atual Iraque. Seu testemunho enérgico e corajoso atraía seguidores de outras religiões, que se convertiam ao cristianismo. Nessa época recebeu o codinome Tadeu, o Misericordioso. Certa ocasião, tendo se recusado a prestar culto à deusa Diana na presença de sacerdotes pagãos, foi morto cruelmente a golpes de machado.

A devoção a São Judas Tadeu

Suas relíquias são veneradas na Basílica de São Pedro, em Roma, e todos os anos o dia 28 de outubro é celebrado no mundo inteiro como data provável de sua morte. A devoção a São Judas Tadeu se manteve muito forte no Oriente, entretanto, com a invasão dos muçulmanos, as comunidades foram se diluindo, e o fervor religioso desapareceu. Mais tarde, durante a Segunda Guerra Mundial, a devoção ao santo retomou o fôlego, sobretudo no Ocidente.

São Judas Tadeu no Brasil

A devoção a São Judas Tadeu começou em São Paulo, por volta de 1940, quando o arcebispo da capital decidiu fundar 25 paróquias na periferia da cidade para dar assistência religiosa aos moradores locais. A ideia era que cada uma delas tivesse um padroeiro. O fato é que, dos 25 santos apresentados, São Judas Tadeu foi o único rejeitado por unanimidade – ninguém o queria em sua paróquia. Sabe por quê? Porque naquela época o santo era confundido com Judas Iscariotes, o traidor que entregou Jesus aos soldados romanos.

O padre Buescher, da Congregação do Sagrado Coração de Jesus, foi o único que aceitou o santo desconhecido. Dinâmico e carismático, passou a divulgar o santo distribuindo folhetos com a sua história e sua imagem nos pontos de ônibus, nos bondes e entre os visitantes que vinham de outros bairros. São Judas Tadeu não contava com apoio tão eficiente! Em 17 de março de 1940, o padre Buescher tomou posse da nova Paróquia de São Judas Tadeu Apóstolo, e a primeira procissão de velas iluminou as ruas do bairro do Jabaquara.

Hora de "customizar" São José...

Para essa ocasião foi encomendada uma imagem de São Judas em Portugal. Como ela não chegou a tempo, o padre Buescher apelou para uma fábrica de imagens de gesso em São Paulo, e lá encontrou pronta, e nas medidas exatas, apenas uma de São José. O jeito foi improvisar. No lugar do lírio de São José foi posto um machado, o instrumento de martírio de São Judas, e no lugar do menino Jesus inseriram uma Bíblia, representando seu trabalho de evangelizador.

A procissão transcorreu sem problemas, inaugurando a primeira e única imagem de São Judas Tadeu no Brasil, que permanece no altar principal da igreja antiga. A imagem tornou-se oficial, tanto na igreja do Jabaquara como nas principais paróquias, comunidades e famílias devotas do santo.

Com sua intercessão, nada é impossível

A história de São Judas, seu parentesco e sua amizade com Jesus de Nazaré fazem dele o santo das causas impossíveis, influente intercessor entre as misérias humanas e o poder divino do Filho de Deus. Muitos são os que, todos os meses, no dia 28, vão prestar sua homenagem ao santo, pagando promessas alcançadas ou reiterando novos pedidos.

Entre eles está Eunice Dias, enfermeira em São Paulo: "Nasci no dia 28 de outubro, dia de São Judas Tadeu. Com pouco mais de um ano de idade tive um problema de saúde, e o médico determinou que fosse feita uma cirurgia. Viemos de Minas, minha mãe e eu, em busca de tratamento, mas na fila de atendimento da Santa Casa uma senhora disse à minha mãe: 'Sua filha é um bebê, por que fazer uma cirurgia dessas? Você conhece São Judas Tadeu? Faça uma promessa para ele'. Minha mãe achou que era um aviso dos céus, fez a promessa e eu sarei. Quando completei 13 anos

Filha de mãe israelita e pai católico, Etty e sua irmã nasceram no Rio de Janeiro e cresceram em uma família ecumênica. Desde pequenas tiveram liberdade de escolha religiosa – a babá católica as levava para passear na igreja de Nossa Senhora da Paz, em Ipanema, e lá encontravam o avô judeu que, em sua caminhada diária, procurava refúgio e descanso nos bancos da mesma igreja.

São Judas entrou na vida de Etty por intermédio de seus amigos Rosamaria Murtinho e Mauro Mendonça, também atores. No começo sua fé era apenas intuitiva, não conhecia as bases da religião católica, mas o padre João Luis, seu grande amigo até hoje, foi quem a iniciou nos mistérios dos sacramentos.

No dia 28 de outubro de 1992 Etty Fraser foi batizada, fez sua primeira comunhão e casou-se com o ator Chico Martins na capela do Santuário de São Judas Tadeu. Tudo no mesmo dia!

fiz minha primeira comunhão aqui mesmo, só eu, minha mãe e o padre. Todos os anos, no dia 28, eu venho até aqui. É meu compromisso com São Judas".

O aumento impressionante do número de devotos de São Judas Tadeu trouxe a necessidade de uma nova igreja. Em 1963, sacerdotes, paroquianos e devotos iniciaram a construção de um santuário de grandes dimensões, que acolhe a multidão que se dirige até lá para homenagear o santo todo dia 28 de cada mês.

Festa de São Judas Tadeu – bairro do Jabaquara, São Paulo

28 de outubro

Missas de hora em hora e uma procissão que percorre algumas ruas do bairro do Jabaquara no final da tarde recebem a multidão que vem homenageá-lo. Após a procissão, em um palco especialmente montado na avenida Jabaquara para a comemoração, há uma grande missa campal celebrada pelos padres do santuário e por sacerdotes convidados, e dali em diante a noite segue com apresentação musical.

Localização: Avenida Jabaquara, 2.682, Jabaquara, São Paulo, SP • Tels.: (11) 5072-9928 | (11) 3504-5700

Horário de funcionamento: Diariamente, das 6h30 às 20h

Para saber mais: <www.saojudas.org.br>

Para outras informações: <saojudas@saojudas.org.br>

Santo Expedito: O santo das causas urgentes

Celebração em 19 de abril

Se você percorrer a nave lateral das igrejas do Brasil, logo vai localizá-lo. Seu rosto é jovem, bem barbeado, e seus cabelos são curtos, como convém a um militar do exército romano. A túnica vermelha, displicentemente jogada ao ombro, cobre parte do uniforme de legionário; seu elmo está pousado no chão, onde o rude coturno de guerreiro esmaga um corvo negro – histórica figura demoníaca que ousara desafiá-lo.

Conta a tradição que, séculos atrás, quando o guerreiro decidiu se converter ao cristianismo, o mesmo corvo não parava de persegui-lo grasnando seguidamente "cras, cras", que em latim quer dizer "amanhã, amanhã", com o intuito de adiar indefinidamente a sua conversão.

O jovem tribuno, que tinha sob seu comando uma legião de quase 7 mil homens, livrou-se das asas negras da ave maligna e gritou-lhe "hodie" – "hoje" –, reafirmando bravamente a sua resolução de abraçar a nova fé apresentada por Jesus Cristo. Sua representação nos altares, com a cruz que traz em uma das mãos e a folha de palma na outra, exemplifica sua morte como um mártir do cristianismo.

"É preciso perder a vida para salvá-la." Essa frase, do próprio Jesus Cristo, talvez explique o heroísmo dos mártires nos primeiros tempos do cristianismo. A palavra grega para mártir é *mártus*, "testemunha", e foi usada para denominar os inumeráveis cristãos que, ao longo dos séculos, deram e continuam a dar o testemunho de Cristo com suas histórias de vida.

Sant'Espedito di Melitene

Poucas informações sobre o tribuno que comandava a XII Legião do exército romano chamada Fulminata são encontradas. Disciplinados e bem treinados, esses legionários eram auxiliados por uma cavalaria agressiva e enfrentavam forças muito superiores às suas, graças às táticas de luta que empregavam. Entre os *primicerius* – espécie de general de divisão – estava Expedito, o nosso herói.

Segundo a tradição, Santo Expedito era natural da Armênia, provavelmente da região de Melitene, local em que sofreu seu martírio. Situada às margens dos rios Tigre e Eufrates, a Ásia Ocidental sempre foi considerada uma terra de predileções religiosas. Pelo testemunho das Sagradas Escrituras, sobre as montanhas da Armênia – o monte Ararat – a Arca de Noé teria aportado quando as águas do dilúvio baixaram (Gn 8, 3-5).

Essa região foi uma das primeiras a receber a pregação dos apóstolos Judas Tadeu, Simão e Bartolomeu. Foi também marcada por inúmeras perseguições aos cristãos, uma terra regada com o sangue dos mártires.

Histórias bíblicas

A Fulminata, em sua campanha contra o povo que habitava a região onde hoje é a Eslováquia, achava-se em campo de batalha e foi sitiada pelo inimigo. Em pleno verão, faltou água no acampamento. Muitos daqueles legionários haviam se convertido ao cristianismo, seguindo o exemplo de seu comandante, e era costume entre eles orar antes das batalhas. Naquele dia a resposta às orações foi imediata – dos céus sem nuvens caiu uma chuva abundante, milagrosa, com raios tão fortes que surpreenderam o inimigo. Os romanos saciaram sua sede e, recuperados, venceram a batalha. O imperador Diocleciano, conhecido perseguidor dos cristãos, informado do ardor religioso do comandante da Fulminata, ofereceu a ele títulos e riquezas para que ele abdicasse de sua fé em Cristo. Expedito não aceitou e assim decretou a própria morte. Seu martírio teria ocorrido em data equivalente, hoje, a 19 de abril, dia em que Expedito e alguns companheiros foram decapitados e seus corpos, enterrados em vala comum.

A devoção a Santo Expedito

A devoção à memória de Santo Expedito começou em sua cidade, Melitene, onde ele nasceu e viveu. É de supor que seus contemporâneos cristãos tenham se encarregado de contar as circunstâncias de seu martírio, pois muitos eram soldados que se deslocavam em campanhas de guerra, o que certamente facilitou a divulgação de sua história. Da Armênia, o culto a Santo Expedito se expandiu para a Europa, alcançando Itália, Espanha, França e Alemanha. Às Américas o culto teria chegado no fim do século XIX, com a imigração de povos católicos.

Mas a devoção a Santo Expedito precisou de décadas para se expandir. O primeiro trabalho nesse sentido começou com um famoso radialista de São Paulo, Eli Corrêa, que em seu programa rezava a "Oração a Santo Expedito" tão enfaticamente que o número de devotos começou a crescer. Muitas pessoas que ouviam seu programa ligavam para contar sobre graças alcançadas. Santo Expedito foi eleito por seus devotos para resolver casos práticos do dia a dia – falta de emprego, aumento de salário, papéis engavetados pela morosidade jurídica. No entanto, ele tem se revelado o santo de todas as horas, decidindo de forma rápida e eficaz qualquer problema. A "marca" das intervenções de Santo Expedito é a presteza, a agilidade com que concede as graças. Palavra de seus devotos. Nem bem o dia 19 de abril amanhece, centenas de pessoas surge das escadas da estação Tiradentes do Metrô, próximo ao Batalhão Tobias de Aguiar, sede da Rota, na região central de São Paulo. Elas chegam movidas pela gratidão e pela esperança. Muitos vêm agradecer por uma graça alcançada, outros, pedir por um milagre.

Santo Expedito entrou na minha vida em 1996, um ano após eu ter sido promovido a capitão da Polícia Militar do Estado de São Paulo. Na época, meu filho de um ano de idade passava por um sério problema de saúde e precisava ser operado. Era uma operação delicada e talvez uma só intervenção não resolvesse. Uma noite, voltando para casa, achei um santinho com a foto de santo Expedito e, no silêncio da noite, tivemos uma conversa. Dois dias depois fui a Araraquara visitar um amigo e ganhei dele uma imagem de Santo Expedito. Aquele sinal foi muito forte. Hoje meu filho está bem, ele sarou com apenas uma cirurgia e nunca mais deixei de dar meu testemunho de fé na intercessão de Santo Expedito."

Capitão Otacílio José de Souza, coordenador operacional das Rondas Ostensivas Tobias de Aguiar (Rota), São Paulo

Celebração em louvor a Santo Expedito – bairro da Luz, São Paulo

19 de abril

Ao lado do Regimento de Cavalaria localizado na rua Jorge de Miranda, no paulistano bairro da Luz, em 1943 foi iniciada a construção da Capela Militar de Santo Expedito, erguida graças às doações de praças e oficiais da então Força Pública do Estado de São Paulo. Como Santo Expedito é um santo de grande devoção popular, com o tempo a capela da Polícia Militar do Estado de São Paulo, que foi criada especificamente para atender às necessidades espirituais dos policiais militares católicos, passou a ser frequentada também pelo público civil.

Localização: Rua Jorge Miranda, 264, Luz, São Paulo, SP • Tel.: (11) 3313-5828
Horário de funcionamento: Diariamente, das 8h às 17h
Para outras informações: <www2.policiamilitar.sp.gov.br>

Rota de Peregrinação Ecumênica – de São Judas Tadeu a Santo Expedito, São Paulo

Durante todo o ano

São Judas e Santo Expedito, uma promessa justa

"Em 2004 fiz uma promessa a São Judas Tadeu, o santo das causas perdidas, e a Santo Expedito, o das causas urgentes, que andaria a pé da igreja de um santo à do outro, em São Paulo, caso terminasse o doutorado em três meses... Não sabia a distância entre as igrejas, mas pareceu uma promessa justa. Tudo para terminar o doutorado... Depois de terminado, fui procurar o caminho a fazer.

Por incrível que pareça, o caminho mais fácil é seguir a linha do Metrô, da estação São Judas até a estação Tiradentes. Fazer por cima da terra o que os tatus trabalhadores de São Paulo fazem todo dia. Levei um tempo enrolando para cumprir a promessa... O que finalmente fiz hoje. Posso dizer, com bolhas nos pés, que valeu. Além de pagar a promessa, o trajeto é bem bonito e passa por muitas igrejas e pontos turísticos de São Paulo. Resolvi deixar anotado, e sugiro a todos que gostem de andar e que tenham interesse por construções históricas. Sem contar os que estão à espera de causas urgentes e impossíveis... como alunos de doutorado da USP. O trajeto completo tem por volta de 17 quilômetros, que fiz em três horas, andando em passos normais. Não me demorei em todos os lugares – se alguém fizer isso deve levar o dia todo, mas vai ser 'show'. Vale lembrar que não é possível entrar em grande parte dos edifícios – alguns templos possuem horários de visita rígidos e outros exigem hora marcada. Alguns não podem ser visitados de maneira nenhuma. Confira nos sites [...] quais são os horários apropriados." – Reinaldo A. C. Bianchi.

Início do trajeto: Paróquia Santuário São Judas Tadeu, bairro do Jabaquara
Término do trajeto: Capela Militar de Santo Expedito, bairro da Luz
Trajeto demarcado por Reinaldo A. C. Bianchi

SÃO PAULO
Capela de Sta. Cruz
das Almas dos Enforcados
Templo Budista
Busshinji
Catedral
Metropolitana
Ortodoxa
Igreja Evangélica
Árabe de São Paulo
Mosteiro
Sta. Teresa
Igreja Presbiteriana
de Vila Mariana
Colégio Marista
Arquidiocesano
Colégio
Santa Amália
Paróquia São
Judas Tadeu
Paróquia
N. Sra. da Saúde

Capela Militar Sto. Expedito
Museu de Arte Sacra
Museu da Polícia Militar
Catedral Metodista de São Paulo
Igreja de São Cristovão
2º Batalhão da Polícia de Choque
Assembleia de Deus Nipo-Brasileira
Igreja de São Gonçalo
Capela de N. Sra. dos Aflitos
Mosteiro de São Bento
Escola Estadual Campos Sales
Centro Cultural Vergueiro
Igreja Evangélica Sangue e Fogo
Casa das Canas
Igreja de São Francisco
Escola de Comércio Álvares Penteado
Faculdade de Direito
Casa das Arcadas
Residência do Mosteiro de S. Bento
Primeiro Tribunal da Alçada Civil
Palacete São Paulo
Edifício Augusto Gazeau
Catedral da Sé
Capela de Anchieta e Pátio do Colégio

São Jorge: O santo guerreiro

Celebração em 23 de abril

A figura de São Jorge é fascinante – o guerreiro ousado, de poderosas armas, cuja imagem de cavaleiro em luta contra um dragão transformou-se em símbolo de coragem para aqueles que lutam contra as forças do mal. Sua curta trajetória de vida é conhecida por lances heroicos e passagens dignas de uma superprodução cinematográfica.

Jorge da Capadócia, um homem cristão

Filho de pais cristãos, Jorge aprendeu a amar a Deus e a crer em Jesus. Após a morte do pai mudou da Capadócia (atual Turquia) para a Palestina (terra de origem da mãe) e entrou para o Exército. Promovido a capitão, mudou-se para Roma. Nessa ocasião soube que o imperador Diocleciano planejava uma perseguição aos cristãos para exterminá-los. Na data marcada para o Senado votar o decreto imperial Jorge estava presente, declarou-se contrário àquela ação e defendeu com grande ousadia sua fé em Jesus Cristo. Interpelado pelos senadores, Jorge permaneceu firme em sua confissão. Ele era, sim, cristão.

O imperador Diocleciano tentou convencê-lo a voltar a honrar os ídolos pagãos. Como Jorge se manteve firme, foi preso e submetido a terríveis torturas. Nosso Senhor Jesus Cristo teria aparecido em sonhos dizendo-lhe que ele renasceria três vezes antes de morrer: "Eu estarei contigo em todos os momentos". Isso explicaria o fato de Jorge permanecer vivo ao final das sessões de tortura, depois de ser considerado morto. Finalmente, por ordem imperial, Jorge da Capadócia foi decapitado.

Seus restos mortais foram levados para sua terra natal. Transformado em santo, seu culto foi difundido no Oriente.

Mais tarde, Constantino, primeiro imperador cristão, mandou erguer em sua honra um suntuoso oratório.

A quantidade de milagres atribuída a São Jorge é imensa. Segundo a tradição, em perseguições, injustiças e disputas ele defende e favorece todos aqueles que recorrem a ele com fé e devoção.

São Jorge e o dragão

São Jorge chegou à Idade Média coberto de glórias. Um dos responsáveis foi Jacopo de Varazze, autor da *Legenda áurea*, uma coletânea da vida dos santos utilizada pelos jograis da época, que difundiram sua vida e exaltaram seus feitos.

Uma das lendas conta que uma cidade do Oriente era atacada por um dragão que habitava um lago, fazendo muitas vítimas. Para que a população não fosse destruída, a cidade lhe oferecia vítimas jovens.

Certo dia a filha do rei foi levada às margens do lago para o sacrifício. Naquele dia Jorge cavalgava pela região quando a avistou, aproximou-se para ajudá-la e o dragão o atacou. Valendo-se de sua lança Jorge dominou a fera e os conduziu até a cidade, onde prometeu matar o dragão se todos aceitassem o Evangelho. Ele o fez e a população converteu-se ao cristianismo.

Antes de partir, Jorge teria pedido à princesa que zelasse pela fé cristã e cuidasse dos pobres. Foi erguida uma igreja, e consta que uma nascente de água milagrosa passou a curar todos que dela bebiam.

Avante, São Jorge!

O culto dos reis portugueses a São Jorge teve início com a fundação do reino de Portugal. O santo foi tomado como intercessor celeste na batalha que opôs Portugal a Castela pela disputa da coroa lusitana. Em agosto de 1385 os dois exércitos se defrontaram nos campos da aldeia de Aljubarrota e as tropas lusitanas estavam em desvantagem. Temendo o pior, dom João I entregou o desfecho do conflito ao santo guerreiro e avançou sobre o inimigo gritando: "Avante, São Jorge, avante! Sou o rei de Portugal e a ti entrego o meu poder". Para celebrar a vitória, o monarca fez de São Jorge o padroeiro do reino, defensor de suas terras e gentes, e deu ao paço régio o nome do santo – e lá está o famoso Castelo de São Jorge, que domina a cidade de Lisboa.

Em viagem...

São Paulo-Rio de Janeiro. Ponte aérea. Já vivi no Rio em diferentes períodos de minha vida e, sempre que posso, vou eu em busca das relações afetivas que lá deixei – meu filho Marcelo e meu neto Luca. Apesar da beleza espetacular da cidade, meu fascínio maior sempre foi o Rio Antigo, o Rio de fins do século XIX, época em que as carruagens ainda lutavam pelo direito de percorrer as ruas estreitas e em que nomes singelos nomeavam becos e travessas: rua dos Ourives, beco dos Barbeiros, arco do Teles, rua da Carioca, rua da Alfândega – este era meu destino naquele 23 de abril, dia de São Jorge.

São Jorge na mitologia carioca

A importância de São Jorge na mitologia carioca é tão grande que uma visita à sua igreja é indispensável a quem se proponha conhecer os centros de referência religiosa da cidade. Construída no fim do século XVIII, inicialmente quem dava nome a ela era São Gonçalo Garcia, um religioso leigo espanhol que havia sofrido martírio no Japão, canonizado em 1627. Muitos anos depois, já em meados do século

XIX, a antiga Irmandade de São Jorge dos Ferreiros viu-se às voltas com a manutenção de sua igreja, que ameaçava ruir, e pediu abrigo para a imagem de São Jorge na Igreja de São Gonçalo Garcia, uma casa não muito longe da outra. A chegada do poderoso São Jorge eclipsou totalmente a devoção ao jovem mártir espanhol, mas a convivência parece ter agradado aos dois santos – em pouco tempo foi fundada a Venerável Confraria dos Gloriosos Mártires São Gonçalo Garcia e São Jorge. O santo guerreiro tornou-se um dos mais populares da Igreja Católica, posição confirmada pela fé intensa dos devotos das mais diversas culturas e classes sociais.

Ícone pop

Podemos dizer que, no Brasil, São Jorge – o paladino da Capadócia – se transformou em um ícone da cultura pop, muito além das fronteiras religiosas. Sua figura está estampada em camisetas, bolsas de grife, relicários, além de tatuada no corpo de seus devotos. Pelo jeito, as novas linguagens e os novos tempos vão adequando suas ferramentas à fé.

No cristianismo primitivo as imagens dos santos eram pintadas nas lápides das sepulturas; na Idade Média elas eram representadas nos vitrais góticos; no Renascimento, nos tetos das catedrais. Hoje, elas são grafadas inclusive em nossa pele.

São Jorge na cultura afro-brasileira

No candomblé São Jorge é o santo que representa Oxóssi, senhor da guerra, tido como imbatível defensor da lei e da ordem. Ele é o guerreiro que trava batalhas espirituais contra as forças do mal. Sua cor é o vermelho, seu fetiche, a espada. Nas obrigações a São Jorge são usados cravos vermelhos ou brancos, água e orações.

A mais bela de suas orações tem um cunho católico-kardecista-africano:

Eu andarei vestido e armado com as armas de São Jorge para que meus inimigos tendo pés não me alcancem, tendo mãos não me peguem, tendo olhos não me vejam, e nem em pensamentos eles possam me fazer mal. Armas de fogo o meu corpo não alcançarão, facas e lanças se quebrem sem o meu corpo tocar, cordas e correntes se arrebentem sem o meu corpo amarrar. Jesus Cristo, proteja-me e defenda-me com o poder de sua santa e divina graça; Virgem de Nazaré, me cubra com o seu manto sagrado e divino, protegendo-me em todas as minhas dores e aflições; meu Pai, com sua divina misericórdia e grande poder, seja meu defensor contra as maldades e perseguições dos meus inimigos. Glorioso São Jorge, em nome de Deus, estenda-me o seu escudo e as suas poderosas armas, defendendo-me com a sua força e com a sua grandeza, e que debaixo das patas de seu fiel ginete meus inimigos fiquem humildes e submissos a vós. Assim seja com o poder de Deus, de Jesus e da falange do Divino Espírito Santo. São Jorge, rogai por nós.

Cultuado em muitos países, o santo guerreiro encontra devoção certa junto a católicos, ortodoxos, anglicanos, no candomblé e na umbanda. Avante, São Jorge!

"Durante toda a minha infância as imagens de São Jorge e de Santo Antônio sempre estiveram presentes, e eu acabei me aproximando mais de São Jorge. No entanto, o que pode ser considerado 'devoção' começou tardiamente, quando eu já era adulto. Primeiro, comecei a me relacionar com a imagem de São Jorge. É ela que me chama a atenção, pela beleza e pela força que transmite. Ao mesmo tempo que crescia a minha relação com São Jorge, eu também me aproximava do candomblé, onde ele é Oxóssi, e vim a descobrir que também sou filho dessa entidade. As pessoas que têm alguma proximidade com as duas religiões sabem que São Jorge e Oxóssi são sinônimos de guerreiros e de generosidade, de corações enormes!"

Jorge Espírito Santo, produtor musical

Celebração em louvor a São Jorge – Centro do Rio de Janeiro

23 de abril

Na década de 1940 São Jorge ganhou um cavalo esculpido em madeira, capa, escudo e plumas vermelhas no seu capacete de guerreiro. Dona Dinorah, que trabalha há mais vinte anos na Igreja de São Gonçalo Garcia e São Jorge, confirma que o vermelho é a cor de São Jorge, representada nas rosas e nas cristas-de-galo que os devotos oferecem ao santo. As missas em louvor ao santo guerreiro na Igreja de São Gonçalo Garcia e São Jorge ocorrem durante toda a semana – com bênçãos especiais para a espada, a bandeira e o manto – e uma procissão encerra as comemorações. A celebração da morte de São Jorge ocorre em todo o mundo no dia 23 de abril e, no Rio de Janeiro, essa é uma data efervescente: "Para um povo que mata um dragão por dia, São Jorge é boa companhia". Nesse dia é possível sentir a forte troca de energia na multidão que vem de várias partes da cidade para homenagear o santo em missas que são celebradas durante todo o dia em sua igreja.

Localização: Rua da Alfândega, 382 (esquina com a Praça da República), Centro, Rio de Janeiro, RJ • Tel.: (21) 2221-9661

Horário de funcionamento: De segunda a sexta, das 7h às 16h30

Para outras informações: <https://pt-br.facebook.com/pages/Igreja-de-Sao-Jorge-Pca-da-Republica-RJ>

Santo Antônio: O santo do coração

Celebração em 13 de junho

Santo Antônio é o santo mais popular de todos os tempos. Como explicar mais de oitocentos anos de devoção e prestígio? Como explicar que entre tantos santos e beatos da Igreja Católica ainda em nossos dias ele ocupe disparado o primeiro lugar no coração de seus fiéis? Como explicar as centenas de cartas, e-mails e telefonemas que chegam ao centro de atendimento da revista *Messagero di Santo Antonio*, em Pádua, na Itália? Como explicar que durante mais de oito séculos a figura de Santo Antônio tenha inspirado grandes mestres da pintura e escultura do mundo todo? Como explicar que o teólogo, missionário, doutor da Igreja e excepcional pregador do Evangelho tenha se transformado no santo caseiro que encontra coisas perdidas e descobre maridos?

Portugal – Tempo de preparação

A casa de Santo Antônio ficava pertinho da Sé Catedral, local em que ele nasceu e foi batizado com o nome de Fernando de Bulhões. Da infância de Fernando há poucos registros. Sabe-se que ele frequentava a escola anexa à catedral para aprender as primeiras letras, que ajudava nos ofícios divinos e que sua voz foi afinada no coro de meninos da Sé Episcopal de Lisboa.

Contam que certo dia, terminada a missa, Fernando ficou sozinho na igreja rezando e, de repente, foi surpreendido por uma nuvem densa e uma voz rouca que sussurrava aos seus ouvidos palavras obcenas. Fernando logo soube que aquilo era obra do demônio e buscou abrigo nas escadarias que levam ao coro da Sé. Ali traçou uma cruz com o dedo, livrando-se do mal. A cruz desenhada por Fernando está até hoje marcada na parede da escadaria.

Mais tarde, como parte da tradição familiar, foi para a Escola Militar se adestrar nas armas e tornar-se, como seu pai, um cavaleiro do reino. Educado em um ambiente de seriedade e devoção, o jovem Fernando preferiu ingressar no mosteiro de São Vicente de Fora por volta dos 15 anos e ali recebeu o hábito de cônego regular da Ordem de Santo Agostinho. Pediu ao prior sua transferência para o mosteiro de Santa Cruz, em Coimbra, célebre por seu ambiente de estudo. Nessa época aconteceu a grande virada na vida de Fernando.

De Fernando a Antônio

Precisamente nessa época apareceram em Coimbra os primeiros franciscanos, membros de uma ordem então recentemente fundada na Itália por Francisco de Assis. Um grupo de franciscanos vivia junto à capela dedicada a Santo Antão no alto da colina dos Olivais, próximo a Coimbra, e surpreendia o povo cristão da cidade por sua forma radical de praticar o Evangelho.

A pobreza e a renúncia aos bens materiais e aos privilégios da classe clerical – que naquela época acumulava riquezas e prestígio por suas funções espirituais – impressionaram vivamente o jovem Fernando. Os ideais franciscanos traziam a possibilidade de uma profunda renovação religiosa, que se estenderia por todo o reino de Portugal. Esse vislumbre de uma nova cristandade entusiasmou a alma do jovem Fernando, o que mudou o rumo de sua vida. Fernando passou a se chamar Antônio e trocou o hábito agostiniano pela túnica cinzenta dos franciscanos.

Itália – Tempo de revelação

Frei Antônio foi acolhido pelos irmãos da Ordem dos Franciscanos e soube que, durante as festas de Pentecostes, haveria uma reunião de todos os frades, convocada por Francisco de Assis.

Na primavera de 1221, Antônio e os frades de Messina iniciaram sua caminhada a pé pela Itália, a caminho de Assis.

Naquele ano reuniram-se mais de 3 mil frades, e Antônio teve a alegria de conhecer são Francisco. Terminado o encontro, ele seguiu para o pequeno eremitério de Montepaolo, no norte da Itália, onde viviam seis padres. Convidados a participar de uma cerimônia de ordenação sacerdotal, o superior pediu ao irmão Antônio que subisse ao púlpito e dissesse "tudo o que lhe fosse sugerido pelo Espírito Santo". Suas primeiras palavras foram simples, mas em seguida tornaram-se firmes, seguras, inspiradas e convincentes, impressionando todos os que o ouviam.

A notícia correu a região, e em pouco tempo frei Antônio foi nomeado pregador oficial da Ordem dos Frades Menores de São Francisco.

Aos 32 anos foi nomeado ministro provincial da Itália Setentrional e os quatro anos seguintes, os últimos de sua vida, seriam os mais importantes para sua herança espiritual. Aqueles anos foram de trabalho intenso, pois o novo cargo impunha que ele visitasse conventos que estivessem instalados em sua circunscrição. Antônio

percorreu várias regiões da França e da Itália sem descanso, pregando, fazendo conversões, fundando conventos. Em 1228 ele se instalou em Pádua, cidade à qual sempre devotou particular afeto.

O pão de Santo Antônio

O pão é elemento inseparável da devoção a Santo Antônio, e a explicação tem origem em um episódio de sua vida. Antônio comovia-se tanto com a pobreza que, certa vez, distribuiu aos pobres todo o pão que havia no convento. Quando o irmão padeiro percebeu que não havia pães na hora da refeição entrou em pânico. Com certeza eles tinham sido roubados! E correu a contar o fato a Santo Antônio. O santo pediu que ele voltasse a procurar os pães, quem sabe ele não estaria enganado? E o irmão padeiro encontrou os cestos transbordando de pães, suficiente para os frades e para os pobres também. Vem daí o costume da bênção do pão de Santo Antônio.

Nas primeiras horas do dia 13 de junho de 1231, o estado de saúde de frei Antônio se agravou. Deitado sobre um carro puxado por bois, ele começou sua última viagem. O trajeto era penoso para o santo, e decidiram parar em Arcella, não muito longe de Pádua, em um convento de freiras clarissas. Lá, ele morreu murmurando: "Vedo il mio Signore" ("Vejo o meu Senhor"). Imediatamente a notícia se espalhou e todos correram às ruas gritando: "È morto il santo! È morto il santo!" ("Está morto o santo! Está morto o santo!").

A passagem de Santo Antônio por Pádua foi breve, quase meteórica. Em apenas dois anos ele ganhou a alma e o coração de seus fiéis, como um exemplo sólido de fé, amor e perdão. Até os dias de hoje, em Pádua, ele é tratado como "Il santo".

Santo Antônio em Portugal e no Brasil

Após a sua morte na Itália, quando suas relíquias chegaram a Portugal pensou-se na implantação do culto ao santo português. A essa altura, o culto a ele se tornou importante arma política para agradar à população e também à alta classe – entre seus devotos havia até reis e rainhas: a infanta dona Isabel, dom João II, a rainha dona Leonor, dom Afonso. Quando a Casa de Bragança subiu ao poder para levantar o ânimo das tropas que lutavam contra o poderoso exército espanhol, dom Afonso VI fez Santo Antônio "assentar praça" em um corpo de infantaria do Algarve, no sul de Portugal; mais tarde o santo foi promovido ao posto de capitão, com o respectivo soldo que revertia a favor do cofre do regimento.

Foi, portanto, como patrono do Exército Português que Santo Antônio chegou ao Brasil, representando uma espécie de anjo da guarda que protegia as cidades, as casas e as famílias. Sua devoção é encontrada de norte a sul do país. Aqui ele é o santo mais simpático, o mais querido, o mais amigo – aquele que atravessou gerações apadrinhando velhos e jovens de todas as classes sociais, o único no panteão dos santos que possui um dia na semana só seu – a terça-feira.

Segundo uma crença popular, Santo Antônio pode conceder até 13 graças, número que marcou o dia de sua morte (13 de junho), que se repete também nas trezenas (13 dias de orações) que antecedem o dia da sua celebração. Em Portugal, aspectos históricos e folclóricos da vida e dos milagres de Santo Antônio fizeram dele o santo casamenteiro. E de casamenteiro passou a conciliador de noivos, sendo muitos os casos registrados de que ele teria feito regressar noivos fugidos e maridos infiéis... O fato é que Santo Antônio nunca decepciona seus devotos.

Histórias e lendas – Santo Antônio e o menino Jesus

A jornada de trabalho de frei Antônio tornava-se cada vez mais intensa, talvez prevendo o fim de seu apostolado. Ao final da Quaresma ele foi aconselhado a um período de descanso, mas o calor do verão não lhe permitia repouso. Aceitou então o convite do conde Tiso para ir a Camposampiero, perto de Pádua.

Antônio desejava um lugar silencioso para suas orações e pediu a seu amigo que construísse uma cela especial entre os galhos de uma nogueira. Dali ele distribuía suas palavras aos peregrinos que vinham ouvi-las. Já nessa época Antônio era considerado santo e a fama de seus milagres se espalhara. Um deles ocorreu exatamente durante esses dias que ele passou em Camposampiero, pouco antes de sua morte. Certa tarde o conde Tiso dirigiu-se à cela de Antônio e percebeu intenso esplendor. Empurrou delicadamente a porta e ficou imóvel diante de uma cena prodigiosa: Antônio segurava em seus braços o menino Jesus! Quando despertou do êxtase, ele pediu ao conde que não revelasse a aparição a ninguém.

Festa de Santo Antônio – bairro do Pari, São Paulo

13 de junho

Desde o dia 13 de junho de 1934, o bairro do Pari, em São Paulo, é titular da festa mais popular da cidade. Cerca de 2 mil quilos de bolo, confeccionados pelas voluntárias da paróquia, vão para o forno nos dias que antecedem a festa. Depois o bolo é decorado com arabescos caprichados que representam cenas ligadas à vida de Santo Antônio.

Acostumado à camaradagem do santo, bem sem-cerimônia, o povo se solta em atividades profanas nos intervalos entre as missas, as trezenas e as bênçãos: dos "banhos" de água benta aos pratos caprichados que atiçam os apetites glutões, tão condenados por Santo Antônio em seus famosos sermões. Mas quem é que se lembra desse detalhe?

Localização: Praça Padre Bento, 13, Pari, São Paulo, SP • Tel.: (11) 3311-0455 | (11) 3311-0513

Horário de funcionamento: No dia 13 de junho a festa acontece ao longo do dia, das 6h às 23h. Há distribuição de pão bento e venda de lírios brancos e bolo de Santo Antônio. Missas são rezadas a cada hora e meia durante todo o dia. A missa solene é celebrada às 19h30, seguida de procissão pelas ruas do bairro.

Para saber mais: <http://santoantoniodopari.com.br/>

Para outras informações: <secretaria@santoantoniodopari.com.br> e <paroquiasantoantoniodopari@gmail.com>

Trezena de Santo Antônio – Forte da Barra, Salvador, Bahia

De 1º a 13 de junho

Durante 13 dias são programados cânticos, louvores e orações, encontro que é finalizado com a merenda de Santo Antônio, uma tradição que se procura manter viva na comunidade, de acordo com as palavras do organizador da trezena. Depois disso, apresentação de grupos musicais. Destaques na programação são os dias 1º e 13, em que há a presença de autoridades eclesiásticas e degustação de gastronomia junina. O altar montado para as celebrações pode ser visitado no período diurno durante os dias da Trezena de Santo Antônio. O evento, realizado no Museu Náutico da Bahia, instalado no Forte de Santo Antônio da Barra, resgata a antiga tradição dos faroleiros que habitaram o forte até o início da década de 1980.

Localização: Largo do Farol da Barra, Barra, Salvador, BA • Tel.: (71) 3331-8039 | (71) 3264--3296

Horário de funcionamento: De terça a domingo, das 8h30 às 19h. Durante os 13 dias dedicados a Santo Antônio, trezena e programação musical a partir das 19h.

Para saber mais: <www.museunauticodabahia.org.br>

Para outras informações: <museu@museunauticodabahia.org.br>

Peregrinação à Pedra de Santo Antônio – Fagundes, Paraíba

13 de junho

Nesse recanto da Paraíba, de cenários mágicos e monumentos naturais, na serra do Bodopitá ergue-se a Pedra de Santo Antônio, um disputado ponto de peregrinação religiosa do Nordeste. Os devotos caminham a pé até a pedra e devem atravessar uma fenda de quarenta centímetros em busca de curas, casamentos ou outras graças do santo. Reza a lenda que uma imagem de Santo Antônio foi encontrada em uma das fendas da pedra e levada para a igreja, no centro de Fagundes, mas por três vezes ela teria reaparecido no mesmo local. Embora hoje não se conheça o paradeiro da imagem encontrada no século XIX, há mais de cem anos permanece a fé nos pedidos feitos a Santo Antônio – diz-se que passar três vezes pela estreita fenda garante o recebimento da graça pedida.

Localização: Com acesso pela BR-230, no sentido Campina Grande-João Pessoa, vinte quilômetros de estrada asfaltada levam até Fagundes. Do centro da cidade até a Pedra de Santo Antônio, o caminho de três quilômetros é de difícil acesso, mas nem por isso o local é menos visitado.

Para outras informações: pm.fagundes@famup.com.br • Tel.: (83) 3393-1760 | (83) 3393--1761

Procissão de Santo Antônio – Recife, Pernambuco

13 de junho

Embora Santo Antônio fosse o padroeiro do Recife, um abaixo-assinado da população alçou Nossa Senhora do Carmo a esse posto no início do século XX. Ainda padroeiro da Arquidiocese de Olinda e Recife, a cidade festeja o 13 de junho durante todo o dia. São celebradas missas no Convento de Santo Antônio, com bênção de lírios brancos e de crianças, e no fim da tarde a Procissão de Santo Antônio sai da paróquia dedicada a ele para percorrer as ruas do bairro e depois retornar para a missa de encerramento.

Localização: Convento de Santo Antônio(missas): rua do Imperador Dom Pedro II, 206, Santo Antônio, Recife, PE • Tel.: (81) 3224-0493 | Paróquia Santo Antônio (procissão): rua Zeferino Agra, 580, Água Fria, Recife, PE • Tel.: (81) 3444-8359

Para outras informações: <www.ofmsantoantonio.org> e <adrianoaraujofonseca@hotmail.com> (obs.: o pároco responde pelo e-mail da paróquia)

Procissão dos Lírios – Olinda, Pernambuco

13 de junho

Olinda também promove todos os anos a Procissão dos Lírios em louvor a Santo Antônio. Desde os seus primórdios a Igreja Católica dedicou o lírio branco à Virgem Maria, também chamada de "Lírio Branco da Santíssima Trindade", por associá-lo à pureza. Esse atributo fez com que o lírio branco fosse associado a vários dos santos católicos – considerado um homem puro de coração, Santo Antônio está entre eles. Para encerrar a trezena a Santo Antônio, depois da bênção de lírios na Igreja Matriz de São Pedro Mártir, os devotos percorrem ruas e ladeiras do Centro Histórico da cidade.

Localização: rua 27 de Janeiro, 85, Carmo (Centro Histórico), Olinda, PE • Tels.: (81) 3493-1874 | (81) 3429-3156

Para outras informações: <www.olindaturismo.com.br>

São Francisco de Assis: O santo do amor fraterno

Celebração em 4 de outubro

São Francisco inundou o mundo de amor fraterno, alegria e paz; ele é uma das figuras mais amadas e respeitadas do cristianismo. Nascido na cidade italiana de Assis e filho de um mercador de tecidos, o jovem Francisco viveu sua adolescência e juventude compartilhando o luxo e os divertimentos com outros filhos de famílias abastadas da cidade. Certo dia resolveu abandonar essa vida, refugiando-se em absoluta pobreza. Fundou a Ordem dos Franciscanos e viajava a pé pelos caminhos da região, demonstrando extraordinário amor pela natureza e pelos animais – depois de sua morte foi considerado o primeiro ecologista da história da humanidade.

Em viagem...

Para conhecer melhor a vida e obra de São Francisco, fui a Assis, pequena cidade medieval da Úmbria, uma das mais belas regiões de Itália.

Chegamos em uma tarde chuvosa, e o trem nos deixou na estação quase deserta. O motorista do único táxi disponível foi logo contando, empolgado, que uma chuva de granizo tinha caído sobre a cidade naquela manhã. Exagerado, como todo bom italiano, dizia que as pedras de gelo tinham o tamanho de bolas de golfe! Sentindo-me abençoada por ter sido poupada desse torneio celeste, comecei a apreciar a cidade magnífica que ia surgindo à nossa frente.

Dominada pelas ruínas de uma fortaleza conhecida como Rocca Maggiore, Assis equilibra-se sobre os contrafortes de suas muralhas, construídas no século XV.

Ao longo do tempo, casas, telhados, capelas e igrejas foram se acomodando encosta abaixo; ruas estreitas, arcos e escadarias transportam o visitante à Idade Média, época em que uma religiosidade profunda pairava sobre todos.

Os frades estão presentes em toda parte – sempre alegres e comunicativos, como bons franciscanos – e caminham descontraídos pelas ruas de Assis, com suas sandálias rústicas e as túnicas cinzentas com o cordão de três nós amarrado à cintura. Eles pertencem à Ordem dos Frades Menores, imensa comunidade religiosa mundial criada por São Francisco de Assis por volta de 1209.

Graças aos escritórios adjuntos da Enit – Agência Nacional Italiana de Turismo em São Paulo e Assis – consegui um encontro pré-datado com frei Vogran Leluia dos Santos, pernambucano de Jaboatão dos Guararapes que vive há mais de um ano no Sacro Convento, o coração da família franciscana na Itália.

Quando chegamos para a entrevista ele já nos esperava à porta do convento, o sorriso largo de alvos dentes e gestual expressivo transbordando simpatia. Quando perguntei como ele preferia que eu o chamasse durante a entrevista me contou que seu apelido entre os colegas é frei Aleluia.

Com certeza, pensei, eles se inspiram na exaltação de seus gestos e no brilho de seus olhos, capazes de refletir toda a alegria da Ressurreição. Senti por ele uma empatia imediata e, sem-cerimônia, pedi a frei Aleluia que nos contasse, sob a ótica franciscana, a história do jovem Francisco.

Francisco – O homem

A história registra um fato pouco conhecido sobre o nascimento de Francisco. Um mendigo bateu à porta de sua casa e mandou pela criada um aviso a sua mãe, já em trabalho de parto: "O menino deverá nascer no estábulo, junto aos animais, assim como veio ao mundo Nosso Senhor Jesus Cristo". O mendigo teria sido o próprio Jesus Cristo, que decretava o nascimento de seu mais genuíno seguidor.

Extremamente religiosa, ela não hesitou e pediu para ser levada ao estábulo, onde a criança nasceu. Deu-lhe o nome de João, mas alguns dias depois, quando o marido chegou de viagem, quis trocar o nome de João para Francisco. Durante sua vida Francisco sempre demonstrou atenção e carinho especiais pela mãe, mas sua relação com o pai, apesar de respeitosa, foi cheia de conflitos. O pai de Francisco era membro destacado da burguesia, a nova classe social em ascensão, formada principalmente por comerciantes que desenvolviam atividades cada vez mais lucrativas e não eram bem-vistos pela Igreja Católica, a grande potência da época.

Como Francisco não queria assumir os negócios, seu pai decidiu recorrer ao bispo, instaurando um julgamento contra o próprio filho. No palco do julgamento, instalado na praça, exigiu que seu filho devolvesse tudo que recebera dele. Francisco, sem vacilar, se despojou de suas roupas até ficar nu e, jogando os trajes aos pés do pai, exclamou: "Até agora chamei Pietro di Bernardone de pai. Daqui em diante não terei outro senão o Pai Celeste".

Francisco – O santo

Para tentar adivinhar os desígnios de Deus, Francisco passou a se dedicar à meditação e à oração. Buscava Deus por meio da contemplação, acreditando na força divina que habita nosso interior. Descobria Deus em cada manifestação de sua Criação – daí a sua ternura lendária pelas mais humildes e ínfimas criaturas.

Diariamente ele buscava a solidão das florestas por onde costumava caminhar. Foi assim que certo dia, orando na pequena cabana que pertencera a São Damião, Francisco teria ouvido a voz de Cristo vindo de um antigo crucifixo encostado à parede: "Francisco, restaura a minha casa. Como vê, ela está desmoronando".

O jovem começou a tarefa de consertar a cabana, mas aos poucos foi percebendo que o pedido do Senhor era para que ele restaurasse a própria Igreja Católica, isto é, sua missão era restaurar os valores fundamentais do cristianismo, enfraquecido pelas heresias, divisões internas e pelo apego de seus líderes às riquezas e ao poder.

Francisco passou a viver uma vida de eremita até surgirem os primeiros "irmãos" que queriam compartilhar com ele o Evangelho.

Um lugar sagrado

A cabana de Rivotorto – também chamada Tugúrio (que significa "cabana") – foi a morada do grupo durante alguns anos, período em que se dedicavam a penitência, orações, diálogos e atos de fraternidade. "Vamos começar a servir a Deus, meus irmãos, porque até agora fizemos pouco ou quase nada", dizia ele. Tempos depois, uma vez mais seguindo a inspiração divina, Francisco conduziu seus irmãos para a Porciúncula – que significa "pequena porção" –, nos arredores da cidade.

A pequena capela que ali havia pertencera à Ordem dos Beneditinos e foi restaurada por Francisco. Na Porciúncula reuniu seus adeptos e viu crescer sua Ordem. Durante esse período Francisco mudou o hábito de monge pela túnica humilde e rústica em formato de cruz, feita de retalhos e amarrada à cintura por um cordão com três nós que representam o tripé da Ordem Franciscana – pobreza, obediência e castidade.

A Regra de São Francisco proíbe formalmente a seus discípulos a ociosidade. Todos devem exercer um ofício honesto – não pelo desejo de lucro, mas porque "A ociosidade é o veneno da alma", dizia ele.

Francisco, o irmão de todos

Em 1224, no monte Alverne, um de seus locais de retiro preferidos ao norte de Assis, Francisco recebeu os estigmas da Paixão de Cristo – os cinco ferimentos que Jesus apresentou ao ser crucificado. Foi levado a Assis cego e doente, e ali passou as últimas horas da sua vida terrena. Instruiu seus irmãos que, ao morrer, o pusessem sob a terra nua. São Francisco de Assis viveu 44 anos, do inverno de 1182 à noite de 3 de outubro de 1226.

A fama de santidade de Francisco vem atravessado os séculos e mexendo com o coração e a imaginação de todos nós. Não apenas por seus milagres, mas sobretudo por sua coragem e obstinação, pela simplicidade de seus ideais, por sua dedicação sincera, por seu desapego às coisas materiais. Eles nos mostrou que é possível viver conforme o legado de Nosso Senhor Jesus Cristo, de quem ele foi o mais fiel seguidor. Sua "Oração da Paz" é uma das mais belas que o mundo já conheceu.

Oração da Paz

Senhor! Fazei de mim um instrumento da vossa paz.
Onde houver ódio, que eu leve o amor.
Onde houver ofensa, que eu leve o perdão.
Onde houver discórdia, que eu leve a união.
Onde houver dúvidas, que eu leve a fé.
Onde houver erro, que eu leve a verdade.
Onde houver desespero, que eu leve a esperança.
Onde houver tristeza, que eu leve a alegria.
Onde houver trevas, que eu leve a luz.
Ó Mestre, fazei que eu procure mais:
consolar, que ser consolado;
compreender, que ser compreendido;
amar, que ser amado.
Pois é dando que se recebe.
É perdoando que se é perdoado.
E é morrendo que se vive para a vida eterna.

Como nasceu o presépio

São Francisco de Assis foi um místico. Ele buscava na solidão e na natureza seu encontro pessoal com Deus. No inverno de 1223, próximo ao Natal, ele estava na pequena comunidade de Greccio, local em que costumava meditar entre as montanhas. Resolveu representar, pela primeira vez, a Natividade de Jesus.

Em uma gruta, uma manjedoura com palha, simples e humilde, servia de berço ao Menino Deus, ladeado por apenas dois animais. Nesse cenário ocorreu a missa da meia-noite e, depois do Evangelho, Francisco pronunciou uma reflexão sobre o nascimento de Jesus. Conta-se que naquela noite especial, enquanto o santo proferia as palavras do Evangelho, todos os presentes puderam ver uma criança em seu colo, envolvida em um raio de luz. A cena foi narrada em 1229 por Tommaso da Celano, biógrafo de São Francisco de Assis. Greccio passou a ser conhecida como a Belém da Itália e, nas encostas das montanhas, foi construído o Santuário do Presépio. Desde então os presépios têm se tornado cada vez mais populares e, além das figuras tradicionais de Maria, de José e do menino Jesus deitado na manjedoura, foi incluída grande variedade de personagens, como os pastores e os animais, os Reis Magos e a estrela.

São Francisco no Brasil

Em 1775, às margens do rio Canindé, em pleno sertão do Ceará, o sargento-mor português Francisco Xavier de Medeiros decidiu erguer uma pequena capela em honra de São Francisco. O terreno era em terras não demarcadas e a construção foi interditada por ordem judicial. Além disso, "a seca dos três setes", como se referem os habitantes do lugar ao ano de 1777, também foi razão para a interrupção das obras. Por essa época, já era venerada em Canindé a imagem primitiva de São Francisco, carinhosamente chamada São Francisquinho, a quem muitos devotos atribuem a intercessão do primeiro milagre ocorrido na região: o pedreiro Antonio Maciel, que trabalhava na torre da igreja, perdeu o equilíbrio e, pressentindo a queda, valeu-se de São Francisco. E ele milagrosamente ficou suspenso nos andaimes, com a camisa presa em uma das tábuas.

Essa história correu o sertão. Os milhares de nordestinos que emigravam anualmente para outras regiões do país difundiram o culto, desse modo contribuindo para transformar Canindé em um dos mais importantes centros religiosos da América Latina.

A relação amorosa de São Francisco com a natureza também cala fundo à alma brasileira, sobretudo no que diz respeito aos animais. Mundialmente tido como protetor de todos eles, seu amor pela natureza acompanhou a evolução dos séculos e em 1979 foi também proclamado patrono dos ecologistas pelo papa João Paulo II, porque ele "oferece aos cristãos o exemplo do autêntico respeito pela integridade da criação". São Francisco pregava que todos os seres estavam ligados uns aos outros – fossem eles dos reinos animal, vegetal ou mineral eram nossos irmãos, e desse modo deviam ser reconhecidos.

Romaria em louvor a São Francisco das Chagas – Canindé, Ceará

Setembro e outubro

O poder da fé se manifesta intensamente na devoção a São Francisco entre os meses de setembro a outubro. No Santuário de São Francisco das Chagas, em Canindé, construído em 1915, os romeiros representam a força da fé que os atrai até a basílica para manifestar o agradecimento e a devoção ao santo das chagas. Espelhando-se na vida de São Francisco – que percorreu o mundo como "pobre e peregrino", experimentando coragem, sacrifício, amor e solidariedade –, os romeiros de hoje chegam a Canindé em busca de saúde, de felicidade e de paz, sem deixar de lado seus deveres solidários. Nos dias que antecedem a celebração do Dia de São Francisco – 4 de outubro –, eles não param de chegar ao santuário: a pé, de bicicleta, em motos, ônibus ou caminhões, ou ainda cavalos.

Localização: Praça da Basílica, s/n, Centro, Canindé, CE • Tel.: (85) 3343-9950 | (85) 3343-0017
Horário de funcionamento: Diariamente, das 5h às 18h
Para saber mais: <www.santuariodecaninde.com>
Para outras informações: <secretariadaparoquiadecaninde@hotmail.com>

Bênção de São Francisco de Assis – Vila Clementino, São Paulo

4 de outubro

Além de conversar normalmente com todos os animais que encontrava pelo caminho, São Francisco defendia que eles deveriam participar da vida dos seres humanos. E por que não também na celebração das missas? Isso passou a acontecer em São Paulo, na Paróquia de São Francisco, na Vila Clementino, região de Vila Mariana, e foi exemplo para outras igrejas brasileiras. No dia em que se comemora o santo do amor fraterno – 4 de outubro –, em algumas das missas na Vila Clementino há entrada livre para os animais, que são especialmente abençoados. Embora os cães compareçam em maior número, registra-se a presença de coelhos, hamsters, peixes e tartarugas. No fim da missa cachorros e gatos podem levar para casa os saquinhos com ração que ficam junto ao altar durante a celebração, e certamente São Francisco não se esqueceria dos passarinhos – os saquinhos com alpiste são igualmente abençoados no altar.

Localização: Rua Borges Lagoa, 1.209, Vila Clementino, São Paulo, SP • Tel.: (11) 5576-7960

Horário de funcionamento: Diariamente, das 8h às 20h

Para saber mais: <http://paroquiavila.com.br>

Para outras informações: <http://paroquiavila.com.br/fale-conosco> ou <paroquiavila@franciscanos.org.br>

Não perca...
... EM CANINDÉ

Complexo da praça dos Romeiros

No Santuário de São Francisco das Chagas, em Canindé, o complexo da basílica é ligado ao complexo dos romeiros por um grande corredor em que podemos encontrar a praça dos Romeiros, o calçadão do Romeiro, o zoológico, o Museu Regional São Francisco, o Convento de Santo Antônio, a Igreja de Nossa Senhora das Dores, a Via-Sacra, a Igreja de Cristo Rei, os Abrigos de Romeiros (São Francisco e Santo Antônio), entre outros espaços. Todos eles valem uma visita.

Localização: Praça Frei Aurélio, 914, Centro, Canindé, CE • Tel: (85) 3343-0100
Horário de funcionamento: De segunda a sábado, das 7h às 17h | Domingo, das 7h às 11h | Abrigos: Diariamente, das 5h às 21h
Para saber mais: <www.santuariodecaninde.com>
Para outras informações: <secretariadaparoquiadecaninde@hotmail.com>

Santa Rita de Cássia: A santa das causas perdidas

Celebração em 22 de maio

A vida de Santa Rita de Cássia – esposa exemplar, mãe amorosa, religiosa e santa – lembra um libreto de ópera, a vida de uma extraordinária heroína. O cenário da história é de largos horizontes e montanhas selvagens que se projetam para os céus como a proclamar um poder maior.

Os montes Sibilinos, em plena região da Umbria, Itália, guardam lendas muito antigas e uma delas se refere às sibilas, mulheres que pertenceram à mitologia greco-romana e habitaram essas montanhas italianas. Elas tinham o dom de fazer profecias. Encontrada em um manuscrito de 1930, de posse de um camponês que vivia próximo à cidade de Cascia, uma das profecias afirmava: "Correrão vinte centenas de anos depois de mim e desses penhascos rochosos jorrará uma luz divina, desconhecida do mundo, à qual se curvarão cabeças e as feras do bosque. Para essas terras acorrerão pessoas vindas de todos os cantos para cantar louvores ao Deus eterno, e esse vale terá seu nome impresso no mundo".

A chegada de Rita

Antonio Lotti e Amata Ferri eram pequenos proprietários rurais e, apesar da idade avançada, formavam um casal exemplar cuja felicidade só não era completa pela falta de um filho. Certa manhã Amata contou ao marido que um anjo lhe aparecera em sonhos revelando-lhe o nascimento de uma filha. Intrigados e um pouco incrédulos, afinal Amata tinha perto de sessenta anos, aguardaram com preces e orações. Corria o ano de 1381 e, alguns meses depois, veio ao mundo a pequena Margarita Lotti, em Roccaporena, o povoado em que viviam Antonio e Amata.

Sua infância

Pouco depois de seu nascimento, a pequena Rita foi protagonista de um acontecimento no mínimo prodigioso. Quando Amata e Antonio iam trabalhar nos campos, punham sua filhinha em um cesto de vime e abrigavam-na à sombra das árvores. Certo dia um enxame de abelhas brancas a envolveu. Algumas entraram em sua boca e ali depositaram mel. Rita parecia deliciada com a revoada das abelhas e a doçura do mel. Tendo atribuído o nascimento de Rita a um milagre, seus pais também receberam esse acontecimento como um prodígio divino.

Rita tornou-se uma bela jovem, dócil, respeitosa e obediente. Pensava em consagrar sua vida a Jesus Cristo, mas, ao completar 14 anos, foi pedida em casamento pelo jovem Paulo Mancini. Os pais de Rita já sentiam o peso dos anos e queriam vê-la protegida quando eles partissem. Assim, apesar da fama duvidosa de Paulo, resolveram casá-la com ele.

Seu casamento

A cidade de Cascia, naquela época, era um centro de conflitos. Depois do casamento, Paulo logo voltou a fazer parte de seu círculo político e, influenciado pelos companheiros de armas, assumiu o antigo comportamento de solteiro. Rita suportou gestos

grosseiros, palavras ásperas e indiferença. Apesar da vida conturbada, o casal teve dois filhos – Giovanni Tiago e Paolo Maria. Os hagiógrafos – biógrafos de santos – que estudaram a vida de Rita, entretanto, garantem que no decorrer dos 18 anos em que foram casados, diante da docilidade da esposa, Paulo foi se tornando aos poucos um bom marido.

Morte e vendeta

No ano de 1401, a cidade de Cascia foi sacudida por uma revolução, e Paulo retomou as armas em defesa de seu partido, enfrentando antigos inimigos. Certa noite, em meio a uma tempestade, Rita teve uma premonição: o cavalo de Paulo refugava a cada relâmpago que riscava o céu, lutando contra o vento que sacudia as árvores e provocava um turbilhão nas águas do rio. Ela soube que Paulo havia sido apanhado em uma emboscada e estava mortalmente ferido.

Abalada com o acontecido, Rita tomou todas as providências para um sepultamento digno a seu marido, sem imaginar que outro período amargo de sua história estava prestes a começar. Os parentes de Paulo exigiram que Giovanni Tiago e Paolo Maria, seus filhos então adolescentes, vingassem o falecido pai. Com a morte dos dois filhos nesse novo confronto, Rita passou a se dedicar à prática das virtudes – obras de caridade e orações. Cada vez mais seu coração se aproximava de Deus.

O espinho da coroa de Cristo

Em uma Sexta-Feira Santa, Rita e suas companheiras de claustro tinham um encontro marcado com o franciscano Giacomo della Marca, pregador ardente que costumava encantar suas plateias.

O tema do orador, bem a propósito em dia tão solene, era o martírio de Jesus e as sete palavras proferidas por Ele na cruz. Sua voz potente e comovida se elevava diante da plateia silenciosa, provocan-

Santa Rita: entre o sonho e a realidade

Rita já era considerada beata e gozava de enorme popularidade. Ainda em vida, a lista de seus milagres era inquestionável. Apesar disso, por motivos políticos ela não foi aceita no mosteiro agostiniano de Cascia.

Certa noite seu sono foi interrompido pelo chamado de um homem do lado de fora de sua casa. Quando Rita saiu à porta reconheceu são João Batista, o primeiro dos seus patronos, que a convidou a segui-lo ao mosteiro das agostinianas, no qual havia sido há pouco rejeitada. Em seguida surgiram outros dois protetores de Rita – santo Agostinho e são Nicolau de Tolentino. Em êxtase, entre o sonho e a realidade, Rita se sentiu arrebatada pelos três santos que percorreram com ela a distância entre Roccaporena e Cascia e a deixaram no interior do monastério, apesar de as portas estarem trancadas. Esse milagre parece ter sido o argumento definitivo para que ela fosse aceita pelas monjas do mosteiro agostiniano de Cascia. Nessa ocasião Rita tinha 37 anos.

do lágrimas nos mais sensíveis. Rita era um deles. Logo mais, à noite, ajoelhada diante de Cristo Crucificado, ela pediu a seu Senhor a graça de participar de seu martírio. Na manhã seguinte, como Rita não apareceu no horário de costume para as primeiras orações do dia, duas monjas foram procurá-la em sua cela e a encontraram com o olhar radiante e uma chaga profunda na testa. Ela então contou que, enquanto rezava na noite anterior, um espinho da coroa de Cristo teria se materializado e atingido sua testa, provocando a ferida.

A reclusão voluntária

Rita tinha sessenta anos quando recebeu o estigma. A chaga que ela trazia na testa se mantinha infectada, não cicatrizava. Por vontade própria ela decidiu se isolar em sua cela, mantendo muito pouco contato com as outras monjas; não mais se alimentava no refeitório e, durante as orações, ajoelhava-se bem atrás, distante das outras.

Rita era muito popular entre o povo de Cascia – tinha devolvido a saúde a doentes considerados incuráveis, restituído a fertilidade a mulheres estéreis, não negava conselhos a quem lhe pedia. Era impossível não receber os visitantes que queriam vê-la, e assim o estigma se tornou conhecido de todos. Embora já fosse considerada beata há muitos anos e esse fato tenha consolidado seu prestígio, o título somente lhe seria concedido oficialmente pelo papa Urbano VIII dois séculos depois.

Os últimos momentos

Rita estava com 76 anos de idade no dia 22 de maio de 1457. No momento de sua morte a chaga de sua testa tornou-se limpa e brilhante, tal qual um rubi. Os últimos exames médicos realizados em 1972 no corpo da santa – que permanece sem se decompor na Basílica de Santa Rita, em Cascia – constataram na testa "o sinal inconfundível de uma chaga óssea, de origem traumática".

Grande número de devotos compareceu ao velório de Rita. Logo depois, milagres começaram a acontecer à beira de seu túmulo. O ataúde de madeira foi trocado por um de cristal e desde então seu corpo está exposto à veneração dos fiéis que vão à Cascia em peregrinação para honrar a santa e pedir sua intercessão perante Deus.

Rita de Cássia foi canonizada pelo papa Leão XIII em 24 de maio de 1900. É reconhecida por seus devotos como a santa das causas impossíveis e desesperadas.

Celebração em louvor a Santa Rita de Cássia – bairro de Mirandópolis, São Paulo

22 de maio

No dia 22 de maio fiéis lotam a Paróquia de Santa Rita de Cássia, em Mirandópolis, na região de Vila Mariana, em São Paulo. No intervalo entre as missas celebradas ao longo do dia, os fiéis depositam a seus pés rosas vermelhas, referência ao milagre da rosa ocorrido em Cascia durante seus meses finais de vida. Era o mês de janeiro, inverno na Europa. Rita de Cássia pediu a uma prima que foi visitá-la que lhe trouxesse uma rosa de seu jardim. A prima pensou que nada encontraria, mas voltou até Rita com uma bonita rosa vermelha. Posteriormente a Igreja Católica aprovou a bênção das rosas para alívio dos enfermos não apenas no dia 22 de maio, data de sua morte celebrada em todo o mundo, mas também no dia 22 de todos os meses.

Localização: Praça Santa Rita de Cássia, 133, Mirandópolis, São Paulo, SP • Tel.: (11) 2275-6801

Horário de funcionamento: De segunda a sábado, das 8h às 18h | Domingo, das 8h às 12h e das 15h às 20h

Para saber mais: <www.psantarita.com.br>

Para outras informações: <contato@psantarita.com.br>

Romaria ao Santuário de Santa Rita de Cássia – Santa Cruz, Rio Grande do Norte

Durante todo o ano

Com 56 metros de altura, uma cruz de dez metros em sua mão direita e uma folha de palma em sua mão esquerda, ambas de aço inoxidável, a estátua de Santa Rita de Cássia inaugurada em 2010 na cidade de Santa Cruz, a 111 quilômetros de Natal, capital do Rio Grande do Norte, é considerada a maior imagem católica do mundo. Além de padroeira da cidade a santa é também a madrinha dos sertões, e assim o Complexo Alto de Santa Rita, como o local é chamado, atrai perto de 1 milhão de devotos do Nordeste, sobretudo na data em que se celebra o Dia de Santa Rita, 22 de maio.

Localização: Rodovia BR-226, km 111, Paraíso, Santa Cruz, RN • Tel.: (84) 3291-2112
Horário de funcionamento: Diariamente, das 7h às 18h
Para saber mais: <www.paroquiadesantarita.com.br> e <www.santacruz.rn.gov.br>
Para outras informações: <psrcsantacruz.blogspot.com>

Frei Galvão: O primeiro santo brasileiro

Celebração em 26 de outubro

Na manhã de 23 de dezembro de 1822 as irmãs do Recolhimento da Luz estranharam o silêncio na minúscula cela que Frei Galvão usava como quarto, por detrás do altar da igreja do mosteiro. Delicadamente bateram à porta, chamando baixinho por ele. Nada, nenhum som vinha lá de dentro. Madre Letícia, decidida, cruzou em passos apressados a nave da igreja em busca do fiel Honorato, jardineiro do convento. Queria que ele forçasse a porta da cela para acabar com aquele agourento silêncio. Em vão. Aberta a porta, o frade santo permaneceu imóvel, envolto em suas pobres cobertas. Seu rosto, entretanto, resplandecia com a aura de santidade. As irmãs souberam que ele havia subido aos céus para junto do Senhor.

Quando a notícia se espalhou pelas ruas da antiga capitania de São Paulo, os devotos começaram a chegar ao convento. Ao velório de Frei Galvão no Mosteiro da Luz compareceram mais de 3 mil pessoas na época em que a população de São Paulo não passava de 25 mil habitantes. Muitos foram a pé, outros, em belas carruagens. Todos queriam se despedir e homenagear o frade santo.

A longa espera

Foi necessário esperar mais de 185 anos para que o Brasil pudesse ter seu primeiro santo nascido em terras brasileiras – Santo Antônio de Sant'Anna Galvão, ou simplesmente Frei Galvão. Dizem que a Providência Divina tem um tempo diferente do nosso. É preciso confiar e esperar. No caso de Frei Galvão vários fatores dialogaram silenciosamente ao longo do tempo: jovem belo e bem-nascido, tinha graças místicas que o acompanhavam e assombravam a todos, possuia muitas virtudes – ternura, generosidade, inteligência, sensibilidade e humildade. Sem ser santo, Frei Galvão ainda em vida era considerado santo.

Formação

Filho de Antônio Galvão de França e de Isabel Leite de Barros, Antônio era descendente de bandeirantes paulistas e de fazendeiros de Pindamonhangaba. Aos 13 anos de idade ele foi encaminhado para o seminário jesuíta de Belém, na cidade baiana de Cachoeira. Ali viveu até os 19 anos, entre preces, penitências e o estudo profundo de teologia.

Sabendo da morte da mãe, Antônio voltou a Guaratinguetá e permaneceu dois anos na casa paterna. Com a expulsão dos jesuítas do Brasil, seu pai não teve dúvida – se o filho queria seguir a Deus em vida, isso deveria ser feito por outro caminho. Orientou o filho Antônio a seguir para o convento franciscano de São Boaventura de Macacu, na capitania do Rio de Janeiro.

Nessa época, aos 21 anos, ele adotou o nome com o qual seria conhecido – Antônio de Sant'Anna Galvão, em homenagem a Sant'Anna, a mãe de Maria e avó de Jesus. Depois de um ano de noviciado foi ordenado no convento de São Francisco de Assis, no Rio de Janeiro, e depois enviado para o convento de São Francisco, em São Paulo, para aperfeiçoar os estudos de filosofia e teologia.

Em 1770 Frei Galvão conheceu a irmã Helena Maria do Espírito Santo, religiosa que afirmava ter visões em que Jesus lhe pedia para fundar um novo mosteiro em São Paulo. Com o apoio do governador da capitania, a ermida da Luz, uma capela abandonada, foi definida como núcleo inicial do novo mosteiro. Pouco tempo depois morreu a irmã Helena, e Frei Galvão aceitou esse desafio, dedicando os anos seguintes de sua vida à construção do Mosteiro da Luz e da igreja anexa.

Em viagem...

Guaratinguetá, terra natal de Frei Galvão, fica no interior do estado de São Paulo, no Vale do Paraíba, entre a serra do Mar e a serra da Mantiqueira. Em 1717 um acontecimento abalou as vizinhanças da cidade – uma imagem de Nossa Senhora da Conceição foi encontrada nas águas barrentas do rio Paraíba, pertinho dali. A imagem foi chamada Senhora Aparecida e, mais tarde, nomeada padroeira do Brasil. Esse acontecimento transformou a região em uma espécie de solo sagrado. Pouco mais de duas décadas depois, em 1739, nasceu nessas mesmas terras o menino Antônio Galvão de França.

O casarão de esquina em que ele nasceu foi restaurado e transformado em memorial – ali estão os objetos devocionais do santo. Thereza Maia, que é descendente de Frei Galvão, escritora, pesquisadora e fundadora do memorial e do museu, acompanhou minha visita destacando suas principais relíquias: o impressionante conjunto de esculturas retirado da Igreja do Rosário, um pedaço do tecido usado para apoiar seu corpo durante a exumação, o cordão franciscano que ele usava para amarrar sua veste. Esse cordão praticamente deflagrou a fama de Frei Galvão junto às parturientes. Thereza Maia explica a relação do frade com as parturientes: a mãe de Frei Galvão morreu muito jovem, aos 38 anos, por complicações em seu último parto. Antônio ficou com essa mágoa no coração, ele sentiu o problema do que era passar por um parto no século XVIII. E essa relação é tão séria que foi um milagre envolvendo uma gravidez de alto risco e uma criança com grandes dificuldades para nascer que proporcionaram a Frei Galvão a canonização.

Sandra Grossi de Almeida já havia sofrido três abortos espontâneos – seu útero tinha má-formação congênita, o que tornava quase impossível levar a termo uma gravidez. Em maio de 1999 Sandra ficou novamente grávida e sabia que a qualquer momento poderia ter uma hemorragia e perder seu bebê.

"Durante os momentos mais difíceis eu tomava as pílulas e conversava com o frei: 'Por favor, não deixe acontecer nada comigo nem com o meu bebê'. Parecia que Frei Galvão estava ao meu lado, escutando."

Sandra Grossi de Almeida

O milagre na gravidez de alto risco

Apesar do prognóstico médico desfavorável, a gestação de Sandra Grossi de Almeida evoluiu até a 32ª semana, e em uma bela manhã Enzo nasceu. À tarde, ele apresentou um quadro respiratório gravíssimo, foi levado à UTI e avisaram à família que seria difícil ele resistir. Mas a luta para salvar aquela criança tinha fortes aliados. No dia seguinte Enzo, sem querer, arrancou o tubo de oxigênio do nariz e passou a respirar normalmente, para espanto de toda a equipe médica.

O tempo foi passando e Sandra se envolvia cada vez mais com seus afazeres de mãe e dona de casa. Certa noite, lutando contra a insônia, ela escutou um voz que lhe dizia: "Você só sabe pedir, Sandra, mas esquece de agradecer. É hora de você dar seu testemunho".

Sandra pulou da cama, escreveu a sua história e a enviou ao mosteiro da Luz, em São Paulo, sede da devoção a frei Galvão. A carta de Sandra foi anexada a outros milhares de testemunhos que chegam todos os dias ao mosteiro, e por vias indefinidas chegou às mãos da postuladora da causa de frei Galvão, irmã Célia Cadorin.

"Um santo não se faz, ele é."

Irmã Célia Cadorin, da Ordem das Irmãzinhas da Imaculada Conceição e catarinense de Nova Trento, dedicou 22 anos de sua vida ao trabalho de postuladora oficial no Vaticano para a canonização de madre Paulina do Coração Agonizante de Jesus e de Frei Galvão. Os postuladores das causas de santos são como advogados indicados pela Igreja Católica para defendê-los no processo de canonização. Irmã Célia tornou-se a mais importante religiosa na defesa da canonização de santos brasileiros, conquistando em 2007 um feito extraordinário – conseguiu mostrar ao mundo que o Brasil podia ter um santo 100% nacional.

A história de Frei Galvão é recheada de fatos místicos. Pregando ao ar livre em Guaratinguetá, Frei Galvão viu que uma tempestade se aproximava. Ao perceber que as pessoas se dispersariam em busca de abrigo, garantiu que a chuva não chegaria até eles e uma barreira invisível a deteve até o final de sua pregação.

Os casos de bilocação são frequentes. Um senhor de Taubaté adoeceu e os parentes recomendaram que ele se confessasse. "Não é preciso", disse ele, "já me confessei com Frei Galvão." Os parentes sabiam que Frei Galvão não estava na vila, então o doente mostrou um lenço branco, prova de que o frade havia estado lá sem que ninguém mais o visse.

"Um dom maior que a bilocação", complementa irmã Célia, "é o dom de ler os corações, de transmitir a paz. Havia gente do Rio de Janeiro que vinha a São Paulo se confessar com Frei Galvão. Ele transmitia paz, a paz do perdão de Deus."

Entretanto, a marca de suas graças se fixou nas pílulas, com as quais ele realizou curas extraordinárias.

"Foi um período estafante", conta ela, "eu tinha madre Paulina beatificada em 1991 e canonizada em 2002 e depois Frei Galvão. No primeiro período eu só cuidava de madre Paulina, depois só de Frei Galvão, uma cronologia bastante agitada e forte. Eu tinha de dar conta de dois santos."

A dificuldade de ter um milagre reconhecido não se limita à obtenção de exames e análises médicas. Segundo os preceitos da Igreja Católica, explica a irmã Célia, os milagres, tanto no caso da beatificação como no da canonização, precisam ser "instantâneos, duradouros, perfeitos e de autoria indubitável". Esse último requisito deu trabalho à irmã Célia. Como o Mosteiro da Luz em São Paulo fica muito próximo da Igreja de Santo Expedito, os devotos, por uma questão prática, faziam o mesmo pedido aos dois santos e, depois de conseguir a graça, ficavam em dúvida sobre o autor do milagre. No processo de canonização de Frei Galvão foram avaliados 23.929 supostos milagres de cura. Por esse motivo, a carta de Sandra Grossi chegou para consolidar a caminhada de Frei Galvão ao altar dos santos.

As pílulas de Frei Galvão

Certo dia Frei Galvão foi procurado por um senhor muito aflito; sua mulher estava em trabalho de parto e poderia perder a vida. Frei Galvão escreveu em três pedacinhos de papel o versículo do Ofício da Santíssima Virgem: "Post partum Virgo inviolata permansisti: Dei genitrix intercede pro nobis" (Depois do Parto, ó Virgem, permaneceste intacta. Mãe de Deus, intercedei por nós). Frei Galvão deu-os ao homem, que levou os papeizinhos à esposa. Ela ingeriu os papéis enrolados em formato de pílulas e a criança nasceu sem dificuldades.

Caso idêntico aconteceu com um jovem que se contorcia com as dores provocadas por cálculos biliares. Depois de tomar as pílulas ele expeliu as pedras e ficou curado.

As famosas pílulas de Frei Galvão são até hoje produzidas pelas freiras enclausuradas do Mosteiro da Luz, em São Paulo. Irmã Claudia Hodecker, uma das

14 irmãs que vivem em clausura no mosteiro, explica como as pílulas devem ser utilizadas: "Cada pacotinho tem três pílulas que devem ser tomadas durante a novena a Frei Galvão – a primeira no início da novena, a segunda no quinto dia, e a terceira no nono dia".

Depois que o Vaticano reconheceu o segundo milagre atribuído a Frei Galvão, a produção das pílulas cresceu 50%. Cerca de 90 mil unidades eram produzidas por mês, para o Brasil e para o exterior.

Muitos dos devotos de Frei Galvão se comunicam com ele por intermédio de cartas ou pequenos bilhetes em que pedem sua intercessão para amenizar as grandes dores ou as pequenas aflições do dia a dia. Na terra do Frei Galvão essa devoção ao santo vem de família – percorre várias gerações.

Caminho de Frei Galvão – Serra da Mantiqueira, São Paulo e Minas Gerais

Durante todo o ano

Durante sua vida Frei Galvão sempre demonstrou cuidado especial com a Palavra de Deus e viajava constantemente pela capitania de São Paulo, pregando e atendendo as pessoas. Fazia todos esses trajetos a pé, não usava cavalos nem a liteira carregada por escravos. Viajando para vilas distantes até sessenta quilômetros ou mais, municípios do litoral, ou mesmo para o Rio de Janeiro, não havia obstáculos para o seu zelo apostólico. Por onde ele passava, as pessoas acorriam.

Em homenagem a Frei Galvão, o primeiro santo nascido no Brasil, foi criada uma rota de peregrinação idealizada e demarcada por Luiz Zingra, empresário. Inaugurado oficialmente em setembro de 2007, o Caminho de Frei Galvão é uma rota rural que se localiza bem no coração da serra da Mantiqueira. Além de caminhantes, ou trilheiros, a rota é percorrida também por ciclistas e cavaleiros.

São 135 quilômetro entre municípios paulistas e mineiros, por trilhas, estradas vicinais de terra e pequenos percursos em asfalto. O percurso completado em cinco dias foi estruturado e organizado utilizando trilhas tradicionais usadas por tropeiros no transporte de mercadorias. Setas azuis em placas de madeira indicam o rumo. Ao final do caminho, na Casa de Frei Galvão, o peregrino receberá as pílulas do santo, visitará a casa em que ele nasceu e conhecerá mais sobre sua vida, sua história e seu gosto pelas caminhadas.

Caminho de Frei Galvão – Trajeto e distâncias

1º dia: de São Bento do Sapucaí (SP) a Luminosa (MG) – 24 km

2º dia: de Luminosa a Piranguçu (MG) – 22 km

3º dia: de Piranguçu a Wenceslau Braz (MG) – 31 km

4º dia: de Wenceslau Braz (MG) ao bairro dos Pilões (SP) – 36 km

5º dia: do bairro dos Pilões a Guaratinguetá (SP) – 22 km

Na partida, em São Bento do Sapucaí, os caminhantes recebem mapas e a credencial com orientações para o trajeto: a rota a ser seguida, quilometragem das etapas, onde comer e dormir. A credencial será carimbada e assinada pelos donos das pousadas em que os peregrinos passarão as noites. No final da caminhada, em Guaratinguetá, ela dará direito a um diploma de conclusão do percurso, o Diploma de Visita, a ser entregue na Casa de Frei Galvão.

Para saber mais: <www.caminhodefreigalvão.com>

Para outras informações: <contato@casadefreigalvao.com.br>

Rota Franciscana: Frei Galvão – São Paulo

Durante todo o ano

A Rota Franciscana Frei Galvão é composta de cinco caminhos e ela pode ser cumprida de várias formas, seja qual for o seu perfil: a pé ou de bicicleta, individualmente ou em grupo, por etapas ou de uma só vez.

As rotas ligam São Francisco Xavier a Guaratinguetá; Bananal a Guará; Lavrinhas a Guará; São Luís do Paraitinga a Guará e Guará a Mogi das Cruzes, onde o peregrino embarca em um trem rumo à cidade de São Paulo, em uma bela viagem com destino ao Mosteiro da Luz e ao Museu de Arte Sacra de São Paulo. O percurso é indicado por setas azuis.

Para saber mais: <www.caminhasaopaulo.com.br/rota/>

Para outras informações: <http://www.rotafranciscana.com.br> e <atendimento@rotafranciscana.com.br> • Tel.: (11) 3709-1615

Não perca...
... EM GUARATINGUETÁ

Casa de Frei Galvão | Memorial de Frei Galvão

A Casa de Frei Galvão, com seus espaços de cultura e espiritualidade, tem por objetivo promover Guaratinguetá como destino para turistas e devotos vindos de todos os pontos do Brasil e do exterior. Ao disponibilizar visitas à casa em que nasceu o primeiro santo brasileiro, os organizadores oferecem a todos a oportunidade de conhecer algumas de suas relíquias e de sentir sua presença junto à fonte de água benta localizada à frente da Casa de Frei Galvão.

Localização: Rua Frei Galvão, 78, Centro, Guaratinguetá, SP • Tel.: (12) 3133-7269 | (12) 3132-1939
Horário de funcionamento: Diariamente, das 8h às 18h
Para saber mais: <www.casadefreigalvao.com.br>
Para outras informações: <contato@casadefreigalvao.com.br>

Fonte de Frei Galvão

A água da fonte recebeu a bênção do frei Paulo Back, do Convento de São Francisco, em São Paulo, onde viveu Frei Galvão. A fonte está localizada logo à frente da Casa de Frei Galvão.

Localização: Rua Frei Galvão, 39, Centro, Guaratinguetá, SP • Tel.: (12) 3132-1939
Horário de funcionamento: Diariamente, das 8h às 18h
Para saber mais: <www.casadefreigalvao.com.br>
Para outras informações: <contato@casadefreigalvao.com.br>

Museu Frei Galvão – Arquivo Memória de Guaratinguetá

Espaço destinado à visitação e pesquisa, o Museu Frei Galvão – Arquivo Memória de Guaratinguetá possui centenas de documentos sobre o santo e seus familiares. Dados históricos são fartamente documentados por fotos e bibliografia. As notícias estão catalogadas a partir de 1930 e os jornais locais e as publicações sobre a beatificação e canonização de Frei Galvão, além de material audiovisual, são constantemente atualizados.

Localização: Praça Conselheiro Rodrigues Alves, 48, 2º andar, Centro, Guaratinguetá, SP • Tel.: (12) 3122-3674
Horário de funcionamento: De segunda a sexta, das 9h às 11h e das 13h às 17h
Para saber mais: <www.casadefreigalvao.com.br>

Catedral Santo Antônio de Guaratinguetá

Sobre a base de uma capela de 1630 foi construída a catedral em estilo barroco e nela foi batizado Frei Galvão. Ali, cumpriu sua vida religiosa até os 21 anos e rezou sua primeira missa. Distribuição regular das pílulas de Frei Galvão.

Localização: Praça Santo Antônio, 300, Centro, Guaratinguetá, SP • Tel.: (12) 3122-4840 | (12) 3122-3872

Horário de funcionamento: Diariamente, das 9h às 18h

Para saber mais: <www.catedralsantoantonio.com.br>

Para outras informações: <www.catedralsantoantonio.com.br/contato.php> | Pílulas de Frei Galvão: <http://www.catedralsantoantonio.com.br/pilula_ comoadquirir.php>

Seminário Franciscano Frei Galvão

O Seminário Franciscano Frei Galvão dedica-se à formação dos futuros franciscanos e acolhe romeiros de todo o Brasil que vão até lá em busca de suas pílulas. O seminário pertence à Província Franciscana da Imaculada Conceição do Brasil, grupo ao qual Frei Antônio de Sant'Ana Galvão pertenceu.

Localização: Avenida Integração, 151, São Bento, Guaratinguetá, SP • Tel.: (12) 3132-6233

Horário de funcionamento: Diariamente, das 8h às 11h30 e das 13h30 às 18h

Para saber mais: <www.seminariofreigalvao.com.br/>

Para outras informações: <freigalvao@franciscanos.org.br>

Mosteiro da Imaculada Conceição

O mosteiro foi fundado por monjas que residiam no Mosteiro da Luz em São Paulo e desejavam propagar a Ordem da Imaculada Conceição com a fundação de novos mosteiros. A cidade de Guaratinguetá foi escolhida por ser a terra natal de Santo Antônio de Sant'Anna Galvão, fundador do Mosteiro da Luz. Adeptas da vida contemplativa em clausura, as monjas contam com a assistência espiritual dos Frades Menores do Seminário Frei Galvão, que assumiram a capelania do mosteiro. As monjas concepcionistas se ocupam da confecção de hóstias, ágnus-deis e terços, além de serem as encarregadas da preparação das famosas pílulas, sempre muito procuradas pelos devotos.

Localização: Rodovia Presidente Dutra, km 234, Guaratinguetá, SP • Tel.: (12) 3133-2537
Horário de funcionamento: Entre em contato com o mosteiro, pois não há visitação pública regular.
Para saber mais: <http://concepcionistas.org.br/site/>
Para outras informações: <http://concepcionistas.org.br/site/contato/> e Caixa Postal 173, 12522-640, Guaratinguetá, SP

... EM SÃO PAULO

Mosteiro da Luz

O Mosteiro da Luz é administrado pelas monjas concepcionistas, franciscanas da Ordem da Imaculada Conceição que ainda hoje vivem em clausura e dedicam seus dias à oração e ao trabalho. São elas as responsáveis por confeccionar as famosas pílulas do Frei Galvão.

A igreja e o mosteiro foram arquitetados e também construídos com a ajuda do próprio frei, que trabalhava pessoalmente nas obras e buscava angariar os fundos necessários para erguer os prédios. A igreja é o local em que o primeiro santo brasileiro está sepultado.

Localização: Avenida Tiradentes, 676, Luz, São Paulo, SP • Tels.: (11) 3311-8745 | (11) 3311-8747
Horário de funcionamento: Diariamente, das 8h às 17h • Distribuição das pílulas de Frei Galvão: de segunda a sexta, das 8h30 às 11h e das 14h30 às 16h45 | Sábado e domingo, das 8h às 16h
Para saber mais: <www.mosteirodaluz.org.br>
Para outras informações: <www.mosteirodaluz.org.br/contato> e <atendimento@mosteirodaluz.org.br> | Pílulas de Frei Galvão: <www.mosteirodaluz.org.br/pedido-de-pilulas>

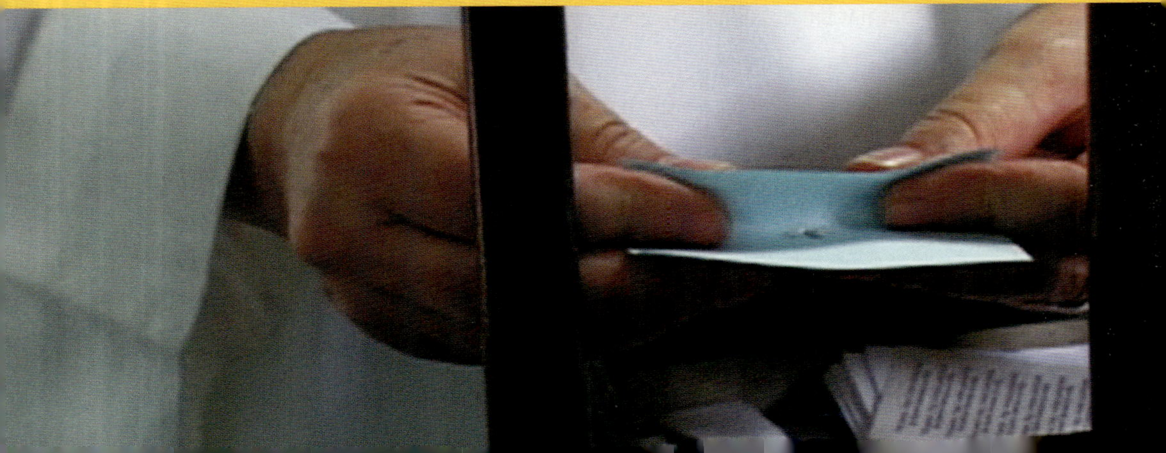

Museu de Arte Sacra de São Paulo

O acervo do museu começou a ser formado em 1907 pelo então arcebispo de São Paulo, que passou a recolher imagens sacras de igrejas e pequenas capelas de fazendas em processo de demolição. Na década de 1970, com o acervo bastante ampliado, foi inaugurado o atual museu, instalado em prédio anexo ao Mosteiro da Luz. Pinturas e esculturas, peças de ouro e prata, mobiliário e outros objetos dividem o espaço com uma pequena coleção de presépios, disposta na antiga casa do capelão.

Localização: Avenida Tiradentes, 676, Luz, São Paulo, SP • Tels.: (11) 3326-3336 | (11) 3326-5393

Horário de funcionamento: De terça a sexta, das 9h às 17h | Sábado e domingo, das 10h às 18h

Para saber mais: <www.museuartesacra.org.br/pt/museu/mosteiro-da-luz>

Para outras informações: <mas@museuartesacra.org.br>

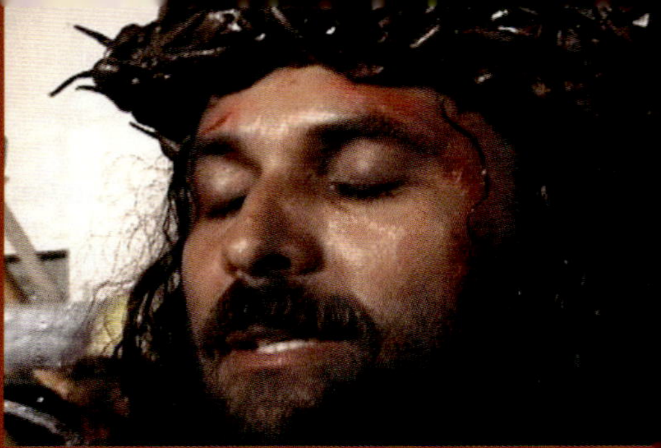
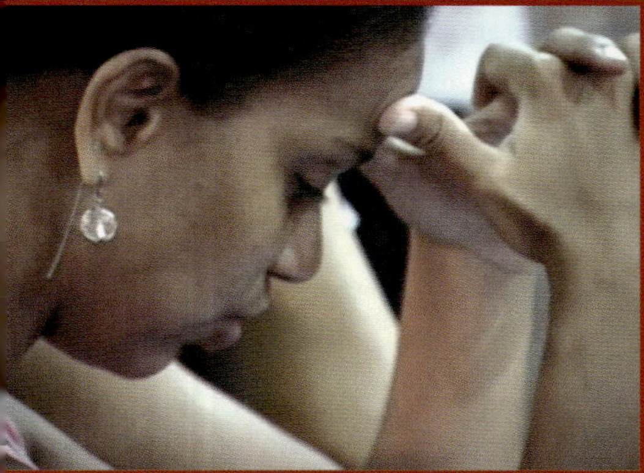

Outros destinos para romeiros, peregrinos e festeiros

Desde o início do cristianismo, as peregrinações foram jornadas empreendidas por motivos religiosos a um santuário, a um lugar considerado sagrado e milagroso, para onde as pessoas se dirigem para pedir graças especiais, cumprir promessas, agradecer por favores recebidos, ou simplesmente para se integrar com o mistério do sagrado. Com essa motivação, os peregrinos enfrentam de peito aberto o desafio das longas distâncias e outras dificuldades.

As festas e romarias são um traço típico da cultura popular – acontecem por todo o país e fazem parte das tradições e memórias de nosso povo. A devoção aos milagrosos santos populares – mesmo aqueles não canonizados pela Igreja Católica – continua atraindo multidões, que chegam aos destinos considerados sagrados a pé, de bicicleta, em carros, caminhões ou ainda em modernos ônibus. Muitas vezes, essa vivência da religiosidade possibilita a recuperação da própria identidade.

Romarias a Juazeiro do Norte – Ceará

De 16 a 24 de março – Semana do Padre Cícero

15 de setembro – Padroeira Nossa Senhora das Dores

No Nordeste, um dos mais conhecidos destinos religiosos é o município de Juazeiro do Norte, no Vale do Cariri. Ele está localizado no extremo sul do Ceará, a 493 quilômetros de Fortaleza. Ali, o padre Cícero Romão Batista é o "santo do povo" – um mito na região do agreste pernambucano.

Em 1872, recém-saído do seminário, o padre Cícero Romão fixou-se em Juazeiro – um pequeno arraial que então contava com 12 casebres e uma capela. Com pulso firme, orientava a vida civil e religiosa dos moradores, extremamente pobres. Nessa trajetória de vida, certo dia um estranho acontecimento abalou o arraial: durante uma das missas, a hóstia consagrada oferecida à beata Maria Magdalena do Espírito Santo teria se transformado em sangue. O fato se repetiu mais algumas vezes, com diversos moradores.

Na época houve interferência do clero, o padre Cícero foi confrontado por políticos, respondeu a processos civis e religiosos. Mas a força do povo, que o adorava, fez dele um milagreiro. Apesar de nunca ter sido canonizado pela Igreja Católica, Padim Ciço, como é carinhosamente conhecido, transformou Juazeiro do Norte no mais importante centro de peregrinações do Nordeste. Na semana dedicada a ele há extensa programação: palestras, bolo de aniversário, corrida comemorativa, muita música, fogos de artifício e procissão.

O padre Cícero pedia que, após a sua morte, os romeiros não deixassem de ir a Juazeiro do Norte visitar Nossa Senhora das Dores, padroeira da cidade. Estima-se que a cidade receba 1 milhão de romeiros por ano.

Localização: Juazeiro do Norte dista 533 quilômetros de Fortaleza, capital do Ceará. Ônibus diários partem de Fortaleza e também há transporte diário regular de Belém, Maceió, Natal, Recife, Rio de Janeiro, Salvador, São Paulo e Teresina

Para saber mais: <www.padrecicero.net>

Para outras informações: <www.ceara.gov.br> e <www.juazeiro.ce.gov.br>

Romarias a Bom Jesus da Lapa – Bahia

6 de agosto – Senhor Bom Jesus

15 de setembro – Nossa Senhora da Soledade

Margeando o rio São Francisco, em pleno sertão baiano, ergue-se imponente um maciço de calcário de noventa metros de altura, recortado por galerias e lapas (grutas). De cor escura, o penhasco parece carregar a vegetação comum da região, castigada pela seca. O morro do Bom Jesus parece um retalho de montanha calcária, isolado no meio de uma planície, com a base quase dentro da água e a margem coroada de cactos, bromélias e minaretes de formas diversas. Um cenário mágico.

Foi este o lugar escolhido por Francisco de Mendonça Mar – um jovem português com tendências a eremita – para descansar seu corpo cansado da longa viagem que fizera desde Salvador. Ali depositou, no interior de duas grutas, as imagens do Senhor Bom Jesus e de Nossa Senhora das Dores, que ele carregava consigo.

À noite, em seu refúgio, o Monge, como ele se tornou conhecido, orava à luz de velas, o que acabou atraindo os barcos que percorriam o rio São Francisco. O local foi considerado solo sagrado, onde aconteciam milagres. Mais tarde Francisco foi ordenado padre e adotou o nome de Francisco de Soledade. A partir desse momento a Nossa Senhora das Dores, que o acompanhava, passou a receber o nome de Nossa Senhora de Soledade.

A cidade que cresceu à sombra dessa gruta-santuário recebe todos os anos mais de 700 mil peregrinos vindos de diferentes pontos do Brasil.

Localizada a 850 quilômetros de Salvador, Bom Jesus da Lapa é conhecida como a capital baiana da fé: no dia 6 de agosto a cidade concentra a terceira maior romaria do Brasil. O grande diferencial entre Bom Jesus da Lapa e as outras cidades da região é sua geografia montanhosa repleta de grutas, o que lhe confere um clima místico, extremamente apropriado para demonstrações de fé.

No santuário e na cidade o movimento dos romeiros se intensifica a partir de 28 de julho, dia em que é iniciada a novena na esplanada, culminando no dia 6 de agosto com a celebração solene. Pela manhã e à tarde há procissões pelas principais ruas da cidade – nelas se destaca o andor carregando a imagem milagrosa do Senhor Bom Jesus. O tempo da romaria não termina com essa festa. No dia 15 de setembro, dia de Nossa Senhora da Soledade, novamente os romeiros seguem até a gruta para reverenciar a devoção do Monge, que tinha consigo as duas imagens quando ali parou para descansar.

Localização: Praça da Bandeira, 106, Centro, Bom Jesus da Lapa, BA • Tel.: (77) 3481-2120 | (77) 3481-5860 Santuário do Bom Jesus da Lapa

Horário de funcionamento: Diariamente, das 5h às 19h30. Há mudança de horário nas semanas de festa ao Senhor Bom Jesus e à Nossa Senhora de Soledade

Para saber mais: <www.bomjesusdalapa.org.br>

Para outras informações: santuario@bomjesusdalapa.org.br

Paixão de Cristo – Nova Jerusalém, Pernambuco

Durante a Semana Santa

Anualmente é encenada a Paixão de Cristo na cidade-teatro Nova Jerusalém, no distrito de Fazenda Nova, a 180 quilômetros do Recife. A peça conta com mais de quinhentos atores e figurantes que durante duas horas se locomovem pelos ambientes do que é considerado o maior teatro ao ar livre do mundo, uma réplica da cidade de Jerusalém na época de Jesus Cristo. A plateia tem participação ativa todo o tempo, uma vez que também se locomove para acompanhar a encenação.

O cenário de 100 mil metros quadrados é cercado por uma muralha e no interior há palácios e templos. Todos os anos o espetáculo costuma ser assistido por cerca de 70 mil pessoas vindas de muitos estados brasileiros e também do exterior. O teatro e a Paixão de Cristo nele encenada já se tornaram Patrimônio Cultural Material e Imaterial de Pernambuco.

Para saber mais: <www.novajerusalem.com.br>

Para outras informações: <novajerusalem@novajerusalem.com.br> e (81) 3732-1129

Sociedade Teatral de Fazenda Nova

Festas juninas – Caruaru, Pernambuco

Durante todo o mês de junho

As celebrações profanas em homenagem aos santos de junho – Santo Antônio, São João e São Pedro – são uma forte tradição no Norte e no Nordeste do país.

A cidade de Caruaru, a 130 quilômetros do Recife, é uma das mais tradicionais do Nordeste e considerada a capital do forró. As festas contam com outros elementos da cultura local, como as bandas de pífanos, os mamulengos e as quadrilhas, mas a grande atração é mesmo o forró apresentado por inúmeras bandas no Parque de Eventos Luiz Gonzaga (Pátio do Forró). Nesse espaço acontece aquele que é considerado por muitos o maior e melhor São João do mundo. Outros dizem que não, que é a cidade de Campina Grande, na Paraíba, a detentora do título: algumas quadrilhas paraibanas chegam a ter até 4 mil componentes.

Localização: Rua Guaporé, 295-345, Centro, Caruaru, PE • Tel.: (81) 3721-5424 | (81) 8648-3479

Para saber mais: <www.saojoaodecaruarupe.com.br> e <www.caruaru.pe.gov.br>

Para outras informações: <caruaruimprensa@gmail.com>

Peregrinação ao Santuário de Santa Paulina – Nova Trento, Santa Catarina

Durante todo o ano

Canonizada em 2002, Amábile Lúcia Visintainer é considerada a primeira santa brasileira, apesar de não ter nascido no Brasil. Em 1875, aos dez anos de idade, ela emigrou para o Brasil em companhia de seus pais e irmãos, naturais da região de Trento, no norte da Itália. A família se fixou em Nova Trento, a oitenta quilômetros de Florianópolis, capital de Santa Catarina, e desde cedo Amábile participou da vida paroquial da capela da cidade, dando aulas de catecismo e se dedicando a cuidar de doentes e idosos.

Em 1890, com a aprovação do Bispado de Curitiba, foi criada a Ordem das Filhas da Imaculada Conceição, data considerada como a da fundação da obra da madre Paulina. Em dezembro do mesmo ano Amábile fez seus votos religiosos e recebeu o nome de madre Paulina do Coração Agonizante de Jesus. Com esse nome ela foi declarada santa.

A Santa Madre Paulina viveu 67 anos no Brasil e compreendeu como poucos as características da alma do povo brasileiro. Sua vida foi marcada pela solidariedade com os pobres e doentes, a fé e o trabalho. Faleceu no dia 9 de julho de 1942.

São celebradas três festas específicas em ação de graças: Dedicação do Santuário Santa Paulina (terceiro domingo de janeiro), Canonização de Santa Paulina (terceiro domingo de maio) e Festa Litúrgica de Santa Paulina do Coração Agonizante de Jesus (segundo domingo de julho).

Localização: Rua Madre Paulina, 3988, Vígolo, Nova Trento, SC • Telefone: (48) 3267-3030 | A Santa Paulina Transportes Coletivos criou um itinerário entre o Terminal Rodoviário Ângelo Maurici, no centro, e o bairro Vígolo – são aproximadamente quatro quilômetros, percorridos em cerca de sete minutos.

Horário de funcionamento: Diariamente, das 7h às 19h

Para saber mais: <www.santuariosantapaulina.org.br>

Para outras informações: <http://www.santuariosantapaulina.org.br>

Festa de Nossa Senhora dos Navegantes – Porto Alegre, Rio Grande do Sul

2 de fevereiro

Nossa Senhora dos Navegantes tem sua maior festa em Porto Alegre. É muitas vezes tida como padroeira da cidade em lugar de Nossa Senhora Madre de Deus. Por influência dos navegadores portugueses, os marinheiros passaram a pedir proteção à Virgem Maria contra tempestades e naufrágios durante as travessias. Por muitos anos houve a procissão terrestre e também uma fluvial pelo lago Guaíba, suspensa pela Capitania dos Portos em virtude dc acúmulo de denúncias sobre a segurança das embarcações. A Irmandade de Nossa Senhora dos Navegantes, responsável pelo evento, a partir desse fato promove apenas a procissão terrestre, com trajeto de cinco quilômetros, embora outros grupos mantenham a tradição do cortejo fluvial.

O ritual tem início em meados de janeiro, momento em que a imagem é conduzida do Santuário Nossa Senhora dos Navegantes, no bairro Navegantes, para o Santuário Nossa Senhora do Rosário, no centro da cidade. No dia 2 de fevereiro a imagem retorna ao seu santuário. Realizada há mais de um século, a festa tem a participação de mais de 100 mil pessoas. A Festa de Nossa Senhora dos Navegantes, que representa o sincretismo entre a Virgem Maria e Iemanjá, também festejada nesse dia, tornou-se Patrimônio Imaterial de Porto Alegre em 2010.

Para saber mais: <http://irmandadenavegantes.com.br>

Para outras informações: <irmandade@irmandadenavegantes.com.br> e (51) 3325-2200 | (51) 3325-2242

Referências bibliográficas

ANCHIETA, Pe. Joseph de. *Cartas* – Correspondência ativa e passiva. São Paulo: Loyola, 2004.

______. *Teatro de Anchieta*. São Paulo: Loyola, 1977.

ARANGO, José Mario Jaramillo de. *Francisco de Assis* – O cavalheiro da pobreza. Aparecida do Norte: Santuário, 1984.

ASSIS, Ângelo Adriano Faria de; SALGADO Mabel (org.). *Religiões e religiosidades* – Entre a tradição e a modernidade. São Paulo: Paulinas, 2008.

BASTIDE, Roger. *As religiões africanas no Brasil*. São Paulo: Pioneira, 1972.

______. *O sagrado selvagem e outros ensaios*. São Paulo: Companhia das letras, 2006.

CACCIATORE, Olga Gudolle. *Dicionário de cultos afro-brasileiros*. Rio de Janeiro: Forense, 1977.

CANAN. Associação Pró-Canonização de José de Anchieta. *Devocionário ao beato Pe. José de Anchieta*. São Paulo: Loyola, 2003.

CARDOSO, Pe. Armando. *O bem-aventurado Anchieta*. São Paulo: Loyola, 1980.

CARNEIRO, Edson. Religiões negras. Rio de Janeiro: Civilização Brasileira, 1936.

COLASANTI, Giovanni M. *Antonio de Pádua*. São Paulo: Paulinas, 1998.

COOGAN, Michael D. *Religiões*. São Paulo: Publifolha, 2007.

CORTEZ, Edmundo Maranhão. *Religiões africanas*. São Paulo: Três, 1998.

CUOMO, Franco. *Rita de Cássia* – A santa das causas impossíveis. São Paulo: Paulinas, 1997.

FREIRE, Zequito. *Crônicas de Paraty* – A folia precatória. Rio de Janeiro: Multifoco, 2009.

HUGHES, Philip. *História da Igreja Católica*. São Paulo: Companhia Editora Nacional, 1954.

KREUTZ, Estanislau A. *Santos mártires das Missões*. Passo Fundo: Berthier, 2003.

LEITE, Bazilisso. *Generalidades das Missões Jesuíticas*. Rio de Janeiro: Editora do Autor, 1973 .

MACHLINE, José Mauricio. *Eu não acredito em religião*. São Paulo: Elevação, 2000.

MAGNANI, José Guilherme Cantor. *Umbanda*. São Paulo: Ática, 1986.

MAIA, Pedro Américo. *José de Anchieta* – O apóstolo do Brasil. São Paulo: Loyola, 2004.

MELLO, Diuner. *Festa do Divino Espírito Santo em Paraty* – Manual do Festeiro. Paraty: Estímulo, 2004.

MONTANHEIRO, Fabio Cesar. *Toques de sino e ambiente festivo em Ouro Preto.* Araraquara: UFSCAR/UNESP/UNIFIAN, 1999.

NARDI FILHO, Hélio; DALTO, Renato. *Missões jesuítico-guaranis*. Porto Alegre: Unisinos, 1999.

O'BRIAN, Joanne; PALMER, Martin. *Atlas das religiões*. São Paulo: Publifolha, 2007.

PESAVENTO, Sandra Jatahy; MEIRA, Ana Lúcia Goelzer. *Fronteiras do mundo ibérico*. Porto Alegre: UFRGS/IPHAN, 2007.

PICCOLO, Frei Agostinho Salvador. *Santo Antonio do Mundo Inteiro*. Petrópolis: Vozes, 1999.

PORTER, Charles Francis. *A história das religiões*. Rio de Janeiro: Edigraf, s.d.

PRANDI, Reginaldo. *Mitologia dos Orixás*. São Paulo: Cia. das Letras, 2000.

PROFILET, Abbé. Les Saintes Militaires; Paris: Retaux-Bray, 1890.

RIBEIRO, Zilda Augusta. *História de Nossa Senhora da Conceição Aparecida e de seus escolhidos*. Aparecida do Norte: Santuário, 2003.

______. *História de São Benedito* – Dores e glórias. Aparecida do Norte: Santuário, 2004.

RISÉRIO, Antonio. *Uma história da cidade da Bahia*. São Paulo: Versal, 2004.

SANTOS, Armando Alexandre dos. *Frei Galvão* – O primeiro santo brasileiro. São Paulo: Petrus, 2007.

SILVA, Maria Augusta Machado da. *Ex-votos e orantes no Brasil:* leitura museológica. Rio de Janeiro: Museu Histórico Nacional, 1981.

SILVA, Vagner Gonçalves da. *Candomblé e umbanda*. São Paulo: Selo Negro, 2005.

SOUZA, Lincoln de. *Contam que...* São João Del Rei: Organizações Haddad, 1997.

SOUZA, Pe. Aloísio Teixeira de. *Vida de São Benedito*. Aparecida do Norte: Santuário, 2009.

TRAPÉ, Agostinho. *Santa Rita e sua mensagem*. São Paulo: Paulinas, 1993.

VENTURINI, Sergio. *O índio nas Missões* – Antes, durante e depois das Missões. Porto Alegre: Martins Livreiro, 2009.

VERGER, Pierre. *Orixás*. Salvador: Corrupio, 1981.

WESCHENFELDER, Celina H. *Santa Rita de Cássia* – Biografia e orações. São Paulo: Paulinas, 1998.

Sites

www.adseda.sites.uol.com.br

www.apostolodobrasil.com.br

www.arautos.org.br

www.caminhodasmissoes.com.br

www.capitalbrasileiradacultura2007.com

www.casadefreigalvao.com.br

www.cidadeaparecida.com.br

www.faop.mg.gov.br

www.franciscanos.org.br

www.genuinaumbanda.com.br

www.igrejasantarita,com.br/suavida.htm

www.notasbiograficas-de-santo-expedito.com.br

www.orixás.com.br

www.ouropreto.mg.gov.br

www.portalsaofrancisco.com.br

www.portalvale.com.br

www.rotamissoes.com.br

www.santuariodaumbanda.com.br

www.santuarionacional.com

www.saobenedito.org.br

www.saofreigalvao.com

www.saojorge.com.br

www.turismo.rs.gov.br/

www.uniafro.com.br/sjorge.htm

A autora

Quando em 1980 foi convidada a fazer parte da família TV Mulher, na Rede Globo, **Marilu Torres** estava longe de imaginar que seria uma pioneira em matérias de turismo na televisão brasileira. Formada em História pela Faculdade de Ciências e Letras Sedes Sapientiae, imediatamente descobriu uma origem única entre História e Jornalismo. Informar, encontrar personagens, contar estórias dentro da História, passou a ser ao longo de seus 25 anos como repórter um desafio constante. *Brasil – Terra de todos os santos* é seu segundo livro com roteiros religiosos. O primeiro é *Caminhos da fé – Santiago de Compostela*, também pela Panda Books.